AF476211

DU 13 NOVEMBRE 1884 AU 22 FÉVRIER 1885.

EMILE PORTIER

SOUS-LIEUTENANT AU 113e DE LIGNE

DÉTACHÉ AU 111e

(Corps Expéditionnaire du Tonkin)

TUÉ A CUA-AI (PORTE DE CHINE)

LE 23 FÉVRIER 1885,

Né à Paris le 15 Juillet 1858.

1885.

BARBAT

Imprimeur Editeur

CHALONS S/MARNE

LE 23 FEVRIER 1885
LES OFFICIERS
DU 113 ème
AU SOUS-LIEUTENANT
PORTIER
MORT
AU CHAMP D'HONNEUR

Ordre du Régiment.

Un de nos plus aimés camarades, un des meilleurs officiers du régiment, Monsieur le Sous-Lieutenant Portier, obtenait il y a quelques mois la faveur d'aller servir au corps expéditionnaire du Tonkin.

Le Colonel apprend aujourd'hui d'une manière officieuse mais hélas ! trop certaine que ce jeune et brillant officier a trouvé une mort glorieuse dans un des combats livrés sous Lang-Son.

Il porte ce douloureux évènement à la connaissance du Régiment.

Le 113e achète bien chèrement l'honneur d'avoir été représenté là-bas parmi de ses glorieux combattants, mais dans les cœurs de tous et dans l'histoire du régiment, notre pauvre ami Portier gardera la plus belle des places, celle du soldat qui meurt pour la patrie.

Paris, 4 Mars 1885.

Le Colonel Colasse.

Toulon, le 13 Novembre 1884.

Ma bonne mère,

Mon voyage s'est bien passé et je suis débarqué à Toulon cette après-midi à une heure. La nuit n'a pas été froide et j'ai dormi pendant quelques heures, j'étais avec un général de cavalerie de Marseille avec lequel j'ai fait un peu la conversation. Le temps est splendide, à partir de Valence nous avons pu voir le pays que nous parcourions ; le chemin de fer suit la vallée du Rhône sans être encaissé de sorte qu'on voit peu à peu les arbres reverdir et la campagne reprendre les couleurs du mois de Septembre. Je n'ai eu qu'un regret, celui de ne pouvoir m'arrêter à Avignon, Arles, Tarascon hérissé de créneaux, de vieilles portes en ruines qui ont un aspect fantastique. A partir de Marseille on retrouve le vrai soleil du midi. Nous y sommes restés une demi-heure le temps de déjeuner, naturellement avec Schmitz. J'ai fait la connaissance pendant la route d'un jeune homme qui est envoyé par le ministère de l'instruction publique à Saïgon pour y faire des études ornithologiques, il est fort gentil et fort intéressant de sorte que sa société me sortira de temps en temps du métier militaire. A Toulon je me suis trouvé à l'hôtel avec un grand nombre d'officiers partant avec moi; le Sous-Lieutenant Normand dont m'avait parlé Alfred et qui doit être un bon compagnon de route; un autre Lieutenant d'Attel, ancien officier d'ordonnance du G^l. Delebecque mon Commandant de corps d'armée et avec lequel j'ai passé une partie de cette après-midi, puis d'autres dont je ne connais pas encore les noms, mais avec lesquels j'aurai vite fait connaissance. Quant à la ville de Toulon, elle est extrêmement sale, ce qui est peu étonnant, puisqu'il n'y a pas plu depuis 4 mois, en revanche, il y a beaucoup d'animation; nous irons visiter l'arsenal demain dans l'après midi.

D'après les renseignements qui m'ont été fournis aujourd'hui, mes bagages doivent être rendus demain matin avant midi sur le port; on ne peut prendre dans sa cabine qu'une cantine avec soi comme on nous l'avait dit à Paris. La nourriture y est bonne, mais je n'en prendrai pas moins demain toutes les provisions inscrites sur mon carnet, je les ferai mettre dans une petite boîte que je prendrai avec moi.

Quant à nous, nous devons être rendus samedi matin à 8 heures sur le quai d'où nous serons transportés à bord par des barques.

Nous embarquerons peu de troupe et beaucoup de matériel ce qui diminuera d'autant notre service à bord. Enfin nous quitterons Toulon à 2 heures de l'après-midi ; nous toucherons à Alger pour prendre des hommes, mais nous n'y resterons que peu de temps.

Voila tous les renseignements que j'ai pu recueillir jusqu'ici ; j'en aurai peut-être d'autres demain, notamment sur les différents points où nous toucherons, en tout cas je t'écrirai encore demain soir.

J'ai fort bien fait de toucher

mon indemnité à Paris, car ceux qui ne l'ont pas fait sont obligés de courir aujourd'hui et demain de tous côtés pour l'obtenir avant leur départ. J'aurai assez d'argent avec ce que j'ai pris ne t'en inquiètes donc pas.

Schmitz m'a fait entendre que sitôt que le besoin s'en ferait sentir le Colonel Giovaninelli me prendrait comme officier d'ordonnance ce qui confirme ce qu'on m'avait promis, tu vois donc, ma chère maman, que sitôt arrivé, je serai dans d'excellentes conditions puisqu'alors mes déplacements beaucoup moins fréquents et par suite mon installation plus confortable. D'après tout ce que j'ai entendu dire autour de moi; je suis abondamment pourvu de tout comme linge, effets, etc......... tu n'as donc pas d'inquiétude à avoir sous ce rapport. En outre un Capitaine d'Infanterie en garnison à Toulon est venu me trouver pendant que je me promenais avec M. d'Alelle et nous a demandé nos cartes pour les remettre et nous recommander à un Lieutenant de vaisseau qui se trouve à bord du Bien-hoa. Tu vois donc que je pars dans d'excellentes conditions et si ce n'était la pensée de la solitude dans laquelle je vous laisse toutes trois, tout me sourit dans ce voyage et je suis persuadé que sous ce rapport j'en reviendrai enchanté.

Donne un bon morceau à mon bon ami Mick qui te donnera à son tour un bon coup de lêche à mon intention.

Je vous embrasse toutes trois comme je vous aime c'est-à-dire de tout mon cœur.

E. Portier.

La prochaine lettre à demain. Je suis descendu à Toulon au Grand-Hôtel où j'ai déjà pu admirer de superbes palmiers.

Toulon, 14 Novembre 1881.

Ma chère Mère,

Tous mes bagages sont transportés à bord; je garderai la cantine avec moi dans la cabine, le lit sera mis à fond de cale et la malle au dépôt de prévoyance pour être mise à ma disposition tous les 8 jours. Nous nous embarquons toujours demain matin à 8 heures pour partir dans l'après-midi; je dois aller à bord aujourd'hui pour voir l'installation et savoir où je serai placé. J'ai fait tous mes achats et tout est prêt. Nous ne savons encore exactement combien nous serons à bord.

Les points de relâche probable sont : Alger, Port-Saïd, Aden, Colombo dans l'île Ceylan, Singapour et Saïgon.

Je n'ai pas encore reçu ma carte ; mais comme elle doit être adressée à bord du Bien-hoa, je l'aurai probablement en y arrivant.

J'ai vu ce matin notre paquebot tout blanc et énorme, si énorme qu'on se demande comment on peut y avoir le mal de mer ; beaucoup le craignent, mais je n'ai aucune appréhension à ce sujet ; je crois que j'aurai le cœur assez solide.

J'ai encore acheté un couvre-nuque blanc pour adapter à mon casque et qui pourra m'être utile le cas échéant si le soleil nous arrive de côté. Je me suis également muni d'un briquet, ce qui est très recommandé par tout le monde.

En allant faire inscrire nos bagages, nous avons visité l'arsenal qui est rempli de canons, ancres etc.... en telle quantité qu'on peut à peine retrouver son chemin, au milieu de ce fouillis de torpilleurs, transports aidé de quelques renseignements incompréhensibles donnés avec le petit accent provençal.

Les environs de Toulon sont très arides sur les hauteurs qui le couronnent au Nord, mais dans les petites vallées on trouve à profusion des aloës et des oliviers qui donnent un aspect fort sauvage avec les têtes bronzées des Toulonnais.

Le temps est toujours d'un bleu splendide, mais il n'en est pas de même de l'eau du port, fangeuse et remplie d'ordures de toute espèce.

Je vous écrirai encore un mot ce soir avant de quitter Toulon si je puis avoir des renseignements plus complets; dans le cas contraire je ne vous enverrai de mes nouvelles que d'Alger.

Je t'envoie avec cette lettre une provision de bons baisers pour en faire une distribution autour de toi, Mick y compris.

Je t'embrasse de tout cœur.

E. Portier.

Je t'envoie en même temps la

photographie du Bien-Hoa.

D'après les renseignements que je viens d'avoir nous serons très nombreux à bord; mais l'organisation du couchage est assez bien faite.

Le Bien-Hoa.

A bord du Bien-Hoa, 16 Novembre 1884.

Ma bonne mère chérie.

La lettre que tu m'as envoyée m'a fait d'autant plus de plaisir que je ne l'attendais pas ; je l'ai reçue une heure avant que nous levions l'ancre et il m'a semblé que vous étiez toutes trois près de moi pour m'embrasser comme avant de quitter Paris. Nous avions déjà vingt-quatre heures de mer et je me suis assez bien comporté et même bien comporté jusqu'ici. La mer était calme comme un lac hier ; aujourd'hui

17 Novembre

J'ai été obligé d'interrompre ma lettre ici parce que je sentais que ma tête commençait à tourner; je te la continue aujourd'hui en station dans la rade d'Alger; quand je l'aurai terminée je descendrai à terre pour acheter un pliant, car le pont est encombré par une canonnière démontée que nous transportons et il n'y a presque pas de sièges.

Il y a eu des victimes du mal de mer en assez grande quantité et de nombreuses désertions pendant les repas; mais sauf le léger étourdissement que j'ai eu hier je sens que je m'affermis de plus en plus.

La mer est d'un bleu foncé splendide et la rade d'Alger superbe. Nous avons eu de nombreuses visites à bord à Toulon et à notre départ la musique de l'escadre sur le vaisseau amiral, le Trident nous a joué la Marseillaise.

Nous sommes passés hier très près des Baléares et ce matin à 6 heures nous arrivions en vue de la côte d'Afrique. Nous repartons cette après midi d'Alger à 2 heures pour arriver à Port-Saïd dans 7 à 8 jours.

Je suis dans une cabine qui ne donne pas sur la mer, ce qui paraît-il est un avantage pour plus tard en raison du soleil qui vient chauffer les parois du navire. Mon compagnon de route est

Normand avec lequel je fais très bon ménage et qui occupe l'étage supérieur; moi le rez-de-chaussée. La cabine n'est pas grande mais on s'y habitue peu à peu. La nourriture est assez abondante et passable sous le rapport de la qualité.

En résumé, la traversée s'est bien passée et tout me fait prévoir que le mal de mer n'aura pas beaucoup de prise sur moi; la chaleur est agréable sans être insupportable.

Je termine rapidement ma lettre parce que nous n'avons plus qu'une heure pour descendre à terre. Si j'ai le temps en remontant je vous enverrai encore un petit mot.

Embrasse bien fort pour moi Marguerite et Jeannette et prends pour toi un bon gros baiser de ton fils qui t'aime bien fort. Emile.

Rade d'Alger, 17 Novembre 1884.

Ma bonne mère,

J'ai encore quelques instants avant de lever l'ancre et j'en profite pour compléter la lettre que je viens de mettre à la poste.

Nous partons cette après-midi vers deux heures, la durée probable de notre voyage jusqu'à Port-Saïd est de 6 jours. Nous sommes partis de Toulon avec une patente nette malgré les quelques cas de choléra qui s'étaient produits dans la ville de sorte que nous avons pu descendre aujourd'hui à Alger et que nous jouirons du même avantage sur tous les points où nous ferons escale. J'ai pris une voiture avec trois autres officiers et nous avons parcouru Alger et le quartier de Mustapha pendant une heure ce qui est suffisant pour avoir une idée de la ville et de ses habitants si sales et si bariolés. Mais ce qui est le plus pittoresque est la vue de la rade avec la ville en amphithéâtre sur le côté.

Beaucoup ont déjà payé leur tribut à la mer entre autre mon compagnon de cabine qui est resté couché toute la journée de Dimanche ; aussi le soir il y avait peu de monde à table et encore moins sur le pont ; j'ai tenu bon jusqu'ici ; le mouvement de la machine m'avait donné quelques appréhensions pendant le premier repas ; mais ces malaises ont disparu et je dors et mange mieux que sur terre. D'ailleurs, au bout de quelques jours, tous les passagers auront repris leur aplomb et leur animation d'avant le départ.

Il y a 3 repas par jour : le matin, un déjeuner : café noir et pain.
à 9 h. 1/2 déjeuner,
à 4 h. 1/2 dîner.

De plus à déjeuner, je prends un morceau de pain dans ma poche pour manger vers deux heures et le soir j'ai recours à mes provisions en cas de besoin. La nourriture est passable et assez abondante ; le couchage est assez bon ; ce qui nous manque surtout c'est un ordonnance, car le premier soir en faisant mon lit j'ai dû m'interrompre à plusieurs reprises à cause du mouvement du bateau; hier j'ai encore dû le faire, mais la confection en a été moins laborieuse. Notre malheureux soldat a le mal de mer comme la plupart malgré son beau nom de Comminges, mais peut-être s'y fera-t-il peu à peu.

Le temps est toujours splendide et même un peu chaud; on supporte encore cependant ses vêtements de drap, mais je vais sortir aujourd'hui mon couvre-nuque pour mon képi et mercredi prochain je tirerai mon casque de la grande malle.

D'après les on-dit (et on ne peut se figurer la quantité d'ondit qui circule à bord quoique sans communications), nous devons rester à Saïgon 4 ou 5 jours notre bateau devant y déposer la canonnière qui se trouve démontée sur le pont ; de là nous irons au Tonkin pour séjourner à Hanoï jusqu'à l'arrivée des renforts qui doivent parait-il nous suivre de près.

Ce qui nous manque surtout, c'est l'absence de nouvelles et de famille et de patrie qui va se faire sentir encore longtemps.

En résumé, la mer a été très-bonne pour moi jusqu'ici et comme il y a eu beaucoup d'indisposés, je me crois doué d'un degré de résistance suffisant.

Je vous écrirai de Port-Saïd et de Suez et je vous enverrai une dépêche d'Aden.

Vous devez recevoir en même temps

que cette lettre une autre que j'ai mise à la poste ce matin. Je t'ai également envoyé une dépêche d'Alger pour t'annoncer ma bonne traversée.

Au revoir, ma bonne mère chérie, je vous embrasse toutes trois du meilleur de mon cœur.

Emile.

A bord du Bien-Hoa, 18 Novembre 1884.

Ma chère petite Jeannette.

Je suis aujourd'hui plus solide qu'avant-hier et la mer me permettra je l'espère de terminer ma lettre complètement. Nous sommes partis d'Alger hier à 2 heures de l'après-midi par un temps splendide qui dure encore maintenant. La rade d'Alger n'est certes pas au-dessous de la réputation qui lui est faite et le peu que j'ai vu de l'intérieur d'Alger m'a laissé une très-bonne impression. Nous suivons maintenant la côte d'Afrique jusqu'à l'extrémité de la Tunisie; mais la brume et le soleil nous empêchent de bien voir le littoral. La chaleur commence à s'élever et est pour le moment fort agréable; dans quelques jours il est probable que nous regarderons le soleil de moins bon cœur; la mer est d'un bleu foncé splendide et nous laissons derrière nous dans notre sillage un ruisseau bleu clair dans la journée et blanc comme la neige le soir.

Les journées se suivent à bord bien semblables les unes aux autres et cependant elles ne paraissent pas monotones, nous sommes en ce moment fort nombreux 75 à table dont 40 officiers. En outre beaucoup de cancans, d'on dit qui amènent un peu de diversité;

canards, le tout mangeant toujours de bon appétit sans se préoccuper de la mer.

Le lever a lieu à 7 heures, mais on est réveillé vers 5 heures par le lavage du pont et les manœuvres de l'équipage; un tour sur la dunette - café noir - toilette déjeuner à 9 h. 1/2; dans l'après-midi, on se disperse de tous côtés pour lire, écrire ou redormir. A 4 h. 1/2 dîner; on fait une partie quelconque, une nouvelle promenade sur le pont et à 8 h. 1/2 tout le monde est couché. On n'a pour toute lumière qu'une lanterne en verre dépoli s'ouvrant sur le corridor et qui est éteinte à 10 heures.

J'ai quitté mon dolman pour mon veston bleu et demain mercredi je sortirai de ma grande malle mon casque qui me sera utile pour la mer Rouge et pour descendre à Port-Saïd et Aden.

Nous avons mis la main sur un ordonnance plus dégourdi que le premier et qui fera bien notre affaire.

Nous mettrons probablement deux jours pour la traversée du Canal de Suez parce qu'on est obligé de faire escale toutes les nuits et en raison en outre de la lenteur de la marche dans le jour, à cause de la largeur du bateau.

La cabine n'est pas très-grande et cependant on s'y habitue peu à peu; les lits sont assez grands sinon larges

et nous nous levons l'un après l'autre. il serait d'ailleurs absolument impossible de s'y mouvoir à deux. L'installation est fort bien comprise pour le reste et les Water-closets mêmes atteignent le dernier degré de civilisation.

Plan de la cabine.

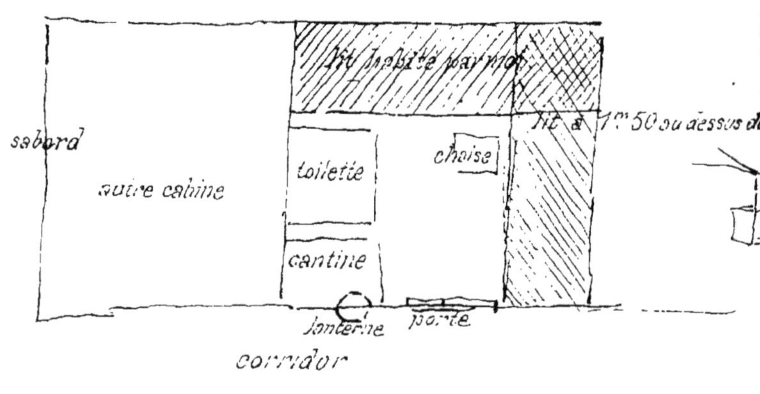

A demain ma prochaine lettre qui partira avec celle-ci.

Bien-Hoa, le 20 Novembre 1884.

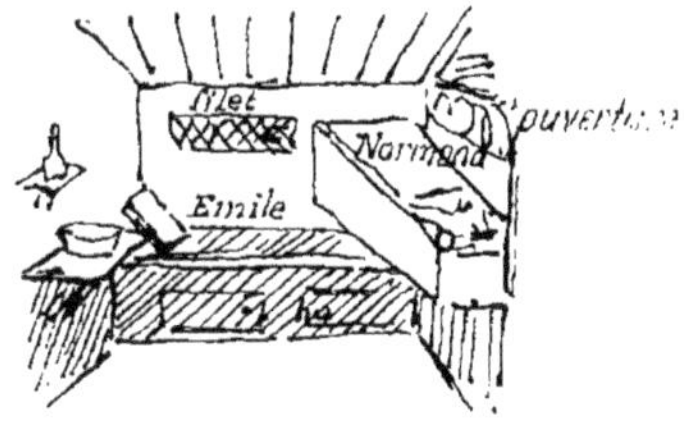

Je reprends ma lettre d'avant-hier pour te continuer mon petit journal. On a mis hier à notre disposition la malle dite de prévoyance; j'en ai profité pour sortir mon casque et ma couverture de voyage qui me seront fort utiles si le soleil est trop vif dans la mer Rouge. Nous marchons toujours avec la même vitesse, 18 à 20 Kilom. à l'heure et comme le vent change facilement ce sont à chaque instant des manœuvres pour orienter les

voiles dans de nouvelles directions. Nous
avons à partir d'Alger longé la côte
d'Afrique jusqu'au Cap Bon; le
18 nous passions en face de La Calle
petit port d'Algérie et nous étions
assez près pour voir le pays des Kroumirs
1° et la petite île de Tabarka; le 19, nous
étions le matin à hauteur de l'île
Pantellaria et le soir nous laissions
sur notre droite l'île de Malte.
Malheureusement la journée d'hier
était fort brumeuse et il faisait déjà
nuit de sorte que nous n'avons pu
voir que le phare de l'île Gozzo et
de Malte ce qui ne nous a donné
qu'une piètre idée de l'ancienne demeure
des chevaliers et de La Valette.

Aujourd'hui nous sommes en pleine mer et nous ne verrons probablement pas la terre avant samedi. D'après les prévisions de l'équipage, nous arriverons à Port-Saïd dimanche matin. Malheureusement nous ne ferons pas relâche à Colombo, dans l'île Ceylan; d'autre part, nous ferons peut-être escale à Saïgon pendant une huitaine de jours, à cause du déchargement de la canonnière qui est sur le pont. De cette façon nous arriverons à peu près en même temps que les renforts qui devaient partir de France à cette époque-ci.

La mer est toujours fort belle et nous ne faisons plus aucune attention au roulis et au tangage. On se fait peu à peu à cette nouvelle vie et il me semble pour ma part qu'il y a un mois que je suis embarqué. Ce qui frappe surtout c'est l'absence complète de chiens; si Mick était là il serait véritablement le maître et sans rival. J'ai donné ma lettre de recommandation au docteur Zuber qui m'a reçu fort aimablement et avec lequel j'échange quelques mots presque tous les jours. J'avais oublié également de vous parler de ma carte; j'en ai reçu une non entoilée samedi matin et l'autre entoilée une heure après, j'ai également reçu mes cartes de visite; je comprends l'étonnement du libraire de la rue du Bac, car je n'avait pas été chez lui c'était rue Jacob, chez Challamel. De cette façon je suis aujourd'hui à la tête de deux cartes, je laisserai celle non entoilée dans ma grosse malle de manière à en avoir toujours une en cas de perte de la première.

C'est aujourd'hui jeudi, jour de festin à bord, car nous avons à déjeuner et à dîner un verre de vin fin; la cuisine est toujours passable et comme je suis à la table du capitaine président, le pourvoyeur accepte nos réclamations sans trop de tirage.

Je suis à table entre Schmitz et un Médecin-Major qui est un ami intime de Bourde, le chroniqueur du Temps, qui a publié des lettres sur le Tonkin. Ces correspondances devaient, d'après ce que m'a dit le docteur, être réunies en un volume et publiées ces jours-ci à Paris. Vous en verrez probablement l'annonce dans le Temps. Le même docteur m'a conseillé d'acheter du bicarbonate de soude pour faire de l'eau de Vichy artificielle de temps en temps, je pourrai m'en procurer à Saïgon.

Les autres compagnons sont en général remplis d'entrain et fort gentils; mon camarade de cabine et de nouveau régiment, Normand, est un charmant garçon et nous ferons, j'en suis sûr toujours bon ménage. On se connait bien vite dans cette vie côte à côte et les caractères ne tardent pas à percer; d'après ce que j'en ai vu il y en a peu de désagréables.

La principale préoccupation est l'heure des repas, on se lève à 8 heures pour être prêt à 9 heures, l'heure du déjeuner, et dès 2 heures, on calcule le temps qui vous sépare de 4 h. 1/2 l'heure du dîner.

J'ai complètement sorti mes effets de flanelle qui sont très agréables à porter. Le soir je mets ma capote, car le temps fraîchit assez vite. On me met à la porte pour mettre le couvert, je continuerai ma lettre demain.

Bien-Hoa, 22 Novembre 1884.

Nous arriverons demain matin à Port-Saïd où nous pourrons déposer nos lettres ; aussi tous les passagers font-ils leur correspondance et j'imite leur exemple en ajoutant ces quelques lignes. La mer était assez forte hier et tous ont dû ajourner leur correspondance au lendemain. Les indisposés étaient d'ailleurs beaucoup moins nombreux que les premiers jours et les cœurs plus résistants. La chaleur commence à augmenter et à partir de demain ; le commandant du bord nous autorise et nous engage même à nous munir de nos casques.

Si nous restons un jour entier à Port-Saïd comme il est probable et si le chemin de fer nous le permet, nous pousserons dans la journée une pointe jusqu'au Caire. Mais ceci dépend de la bonne volonté du Commandant et du conseil sanitaire Égyptien, nous sommes en tous cas certains d'avoir quelques nouvelles de France, et le besoin s'en fait vivement sentir. Écrivez-moi religieusement tous les 8 jours à partir de maintenant pour qu'en arrivant là-bas, j'aie presque aussitôt quelques lignes de vous.

Le Commissaire de marine du bord est venu déjeuner à notre table pour se rendre compte de ce qu'on nous donnait à manger et de temps en temps le Commandant en second et le médecin doivent venir également pour surveiller le pourvoyeur chargé de notre alimentation. Le régime se maintient assez bon sauf l'eau de mer distillée qui garde encore un peu de son goût; mais c'est là un inconvénient peu considérable.

Une nouvelle distraction existe depuis quelques jours; les soldats embarqués à Alger se réunissent tous les soirs sur le pont et de 7 à 10 heures font un petit concert vocal qui aide à passer une partie de la soirée. Quand à mon nouvel ordonnance, il fait mieux notre affaire ; hier, cependant, la mer l'a empêché de s'occuper de notre cabine, imité par mon camarade Normand qui est resté toute la journée sur son lit.

La plupart des passagers possèdent deux ou trois romans qui circulent de mains en mains de telle sorte que nous en serons amplement pourvus pendant les trente jours qui nous restent encore. Parmi ces passagers nous avons un jeune Annamite qui vient de faire ses études au lycée d'Alger ; les quelques aperçus qu'il nous a donnés de sa langue natale nous montrent que l'étude doit en être fort difficile et même impossible quand on n'est pas dans le pays même. D'autres passagers fonctionnaires en Cochinchine nous ont également donné de nombreux détails sur le pays où nous arriverons dans la meilleure saison.

Le docteur Zuber m'a parlé d'Alfred et de Paul Mourlan.

La durée probable du trajet entre Aden et Singapour (si nous ne relâchons pas à Ceylan est de 15 jours.)

Dis à Mademoiselle Marie Siben que je comprends et confirme son admiration pour la Méditerranée. Hier les vagues étaient énormes et d'un bleu foncé; elles se brisaient

par places et la crête devenait vert émeraude surmontée d'un panache blanc éblouissant.
Mais le navire en raison de son chargement bougeait relativement peu, c'est même une des raisons pour lesquelles nous resterons si longtemps dans le Canal de Suez, le tirant d'eau du Bien-Hoa étant de 7m20 et la profondeur du Canal de 7m50 seulement par places.

J'ajouterai demain un mot à ma lettre s'il se produit quelque chose de nouveau; comptez toujours sur une lettre à Suez (si c'est possible) et dépêche et lettre à Aden.

Je t'embrasse bien fort, ma chère petite Jeannette, en comptant bien sur toi pour me remplacer auprès de maman et de Marguerite auxquelles j'envoie aussi un bon gros baiser.

Emile.

Nous sommes en quarantaine à Port-Saïd malgré l'excellent état sanitaire à bord. C'est Toulon qui nous vaut cette aubaine.

Port-Saïd, le 24 Novembre 1884.

Ma bonne mère.

Nous sommes en station à Port-Saïd pour 3 jours encore à cause d'une avarie survenue à la machine, l'une des chaudières devant être remplacée et le mécanisme de l'hélice réparé. Ce contre-temps nous contrarie d'autant plus que nous sommes soumis à la quarantaine malgré l'excellent état sanitaire et ceci sans espoir de délivrance. Nous avons jeté l'ancre à l'entrée de Port-Saïd à 20 mètres de la rive et nous en sommes réduits à regarder du pont les Arabes, Egyptiens,

Anglais, qui semblent nous narguer. On nous fait espérer qu'à Aden nous serons plus heureux; malheureusement un passager de 3e classe qui s'est embarqué très-souffrant est en ce moment assez gravement malade et quoique ce soit une maladie complètement différente du choléra, il pourrait se faire qu'on profitât de cette circonstance pour nous empêcher tout débarquement à Aden et peut-être à Singapour. Pour remédier à tout cela il faut une certaine dose de philosophie, et je n'en manque pas jusqu'ici. Nous avons du moins pris connaissance d'une dépêche de l'agence Havas nous annonçant entre autre chose que le choléra diminuait à Paris d'une façon sensible ; mais ce qui m'a fait le plus de plaisir, c'est la lettre que tu m'as envoyée et que tous regardaient avec envie. Les nouvelles ne sont pas fraîches ; mais c'est toujours quelques lignes de vous qui me ramènent à Paris et près de vous par la pensée. Par suite du retard que nous éprouvons, j'aurai ta seconde lettre à Suez quelques jours après son arrivée mais du moins sûrement et avec un plaisir et un bonheur aussi grands.

J'ai déjà fait sur mon grand album un petit croquis de Port-Saïd et sur mon petit carnet à dessin quelques petits croquis que je reverrai plus tard en rentrant et qui me rappelleront bien toute ma traversée. Malgré cette quarantaine inattendue, les caractères ont gardé leur entrain et chacun a fait contre fortune bon cœur; de plus il y a beaucoup de mouvements de bateaux et tous très bariolés, nous en avons déjà vu ce matin quatre chargés de Turcs, Arabes revenant probablement de la Mecque.

On a chargé du charbon hier et aujourd'hui pour aller jusqu'à Aden, on ne peut se figurer la saleté des Arabes qui entouraient le bateau, se battant pour ramasser les sous que nous leur jetions mais regardant minutieusement la nationalité de la monnaie et rejetant avec dédain à la mer tous les sous Italiens. Une autre distraction était la gravité avec laquelle les fonctionnaires Égyptiens recevaient au bout d'une pincette les papiers du bord pour les déposer ensuite dans une vieille boîte en fer blanc bosselée comme on n'en trouve pas sur les tas d'ordures de Paris, aussi les quolibets pleuvaient sur les malheureux ignorant ou feignant d'ignorer la langue française.

D'après les renseignements qui m'ont été donnés par un capitaine d'infanterie de marine à bord du Bien-Hoa nous ne touchons aucun supplément de solde tant que nous sommes sur le bateau de sorte qu'à mon arrivée je ne toucherai rien avant un mois après le débarquement. Demande à Alfred s'il pourrait te donner des renseignements exacts à ce sujet et dans le cas où nous n'aurions réellement droit à rien en débarquant, envoie-moi un mandat sur la poste adressé à Hanoï que je trouverais peu de jours après mon arrivée. Avec 100f j'aurai assez avec ce qui me restera en débarquant.

Le courrier part aujourd'hui à 3 heures et cette lettre t'arrivera en même temps que celle que j'ai adressée à Jeanne hier.

Je t'envoie avec cette lettre une bonne provision de baisers pour vous trois en t'en donnant une grosse part.

Je t'embrasse encore de tout cœur.

Emile.

La prochaine lettre à Suez.

La température est bonne, le temps splendide, nous avons tous sorti nos casques ; mais les vêtements de toile ne se sont pas encore montrés.

Canal de Suez. 26 9bre 1884.

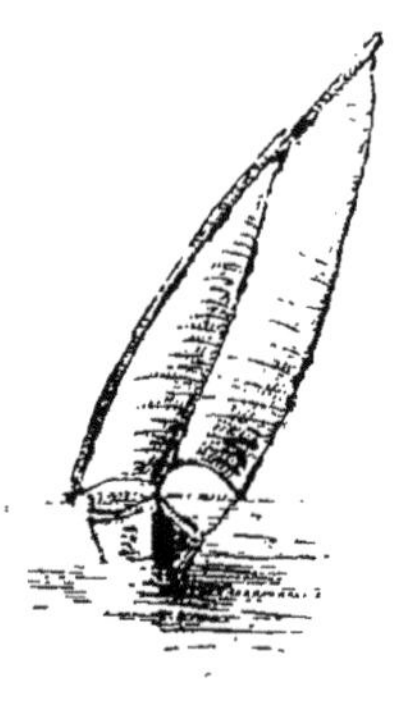

Ma chère Marguerite.

Au moment où je t'écris nous sommes encore en panne dans le Cana de Suez depuis une heure précédés d'une vingtaine d'autres navires. Nous en ignorons encore la cause, nous n'avons que l'espérance que la route va devenir libre bientôt, les 3 jours que nous venons de passer à Port-Saïd nous enlèvent tout charm dans cette immobilité qu'enviaient cependant auparavant les malheureu affligés du mal de mer. Nous avons quitté Port-Saïd ce matin à 6 heures, la machine réparée, suffisamment convaincus de la quarantaine et pénétrés à distance des curiosités de Port-Saïd. Notre seule distraction était une lorgnette à la main, de suivre de l'œil les élégants dans leur promenade sur la jetée, les Anglais avec leurs habits rouges, les Egyptiens d'une corvette de guerre voisine, nous jouant de temps en temps des airs Arabes et enfin et surtout des Turcs, Juifs. Grecs avec leurs costumes bariolés. J'ai fait quelques croquis mais nous étions également peu favorisés sous le rapport du paysage. Malgré cet aspect cosmopolite de

Port-Saïd, tout y est Anglais; sur 20 bateaux, il y en a un Français, un Américain et le reste Anglais, la gent britannique est d'ailleurs fort peu galante à notre égard et quoique les règlements prescrivent le salut entre vaisseaux, ceux de guerre le recevant le premier la plupart ont négligé de nous faire cette politesse.

Nous reprenons notre marche fort lente (5k à l'heure) bordés de chaque côté par une grande étendue de sable avec quelques broussailles par places. Le matin le coup d'œil était plus agréable; sur notre droite nous longions le lac Menzaleh sur lequel se détachaient en blanc d'immenses bandes de pélicans formant des bandes blanc rosé qui s'enlevaient par places et dessinaient dans l'air des triangles d'une régularité parfaite; puis des myriades de petits points noirs formés par des chevaliers ou des alouettes de mer. Sur notre gauche, le mirage nous faisait voir avec une illusion surprenante des bouquets d'arbres inondés au milieu d'une plaine limitée par des montagnes. Il nous fallait l'assurance de plusieurs voyageurs connaissant déjà ce phéno-mène et un bouillonnement imperceptible au-dessus des images pour nous rendre compte de notre erreur. Nous arriverons ce soir en vue d'Ismaïla où nous stopperons pendant la nuit et nous sortirons, sauf incidents, demain soir du canal. Par suite du retard de 3 jours que nous avons éprouvé, le bateau transportant de nouveaux renforts d'Algérie, le Comorin, arrivera avant nous au Tonkin, car il ne restera pas comme nous huit jours à Saïgon. Quant aux autres renforts ils nous suivent de bien près.

Ce matin nous avons croisé un autre bateau français, la Garonne, revenant de la Réunion, la vue d'un drapeau français, au milieu de ces envahisseurs anglais fait toujours une profonde impression; personne ne pousse aucun cri et cependant chacun semble charger ses compatriotes de commissions et d'amitiés pour les siens.

Mon camarade Normand noircit du papier avec ardeur depuis notre départ, chaque jour, ce sont huit nouvelles pages qui s'ajoutent à celles de la veille, aussi avons nous convenu en rentrant en France d'en faire une édition, revue, corrigée et diminuée avec croquis à l'appui ; c'est moi qui suis naturellement le fournisseur de dessins.

Jeanne m'a beaucoup amusé avec la combinaison de Melle Eugénie, heureusement que je n'ai pas vu la jeune héritière mes idées pourraient en être troublées et mon sommeil tourmenté. N'oubliez pas de me dire si le mariage projeté a eu lieu et si mon cœur peut encore garder quelque espérance.

Mon appétit est toujours fort bon et la chaleur supportable, exigeant toutefois l'emploi des casques dans l'après-midi; nous sommes aussi protégés contre le soleil par une toile qui couvre le pont et forme en même temps un courant d'air un peu rafraîchissant.

Je poursuis aujourd'hui ma correspondance pour la mettre à la poste à Suez. Il y a peu de choses à ajouter. Nous nous sommes arrêtés à 6 heures du soir et la marche a repris à 6 heures du matin. Le paysage se déroule lentement devant nous, nous faisant voir aujourd'hui d'immenses plaines de sable, égayé seulement de temps en temps par les gares où les habitants ont de petits jardins remplis de lauriers roses et de palmiers formant de petites oasis au milieu de ce complet dénûment; puis de temps à autre des Arabes pêchant à la ligne ou le fusil sur l'épaule. Le temps est toujours très-doux, mais le soleil quoique voilé aujourd'hui exige désormais l'emploi du casque sous peine de maux de tête.

Malgré l'exemple de mon compagnon Normand qui continue à écrire devant moi ses impressions avec la même abondance, je ne vois plus rien autre chose à vous dire; la mer Rouge me fournira plus d'éléments et je vous enverrai d'Aden une lettre un peu plus longue.

Dis à Mick que j'ai vu beaucoup de ses semblables errer sur les bords du Canal en compagnie d'Arabes et que leur maigreur permettait facilement de constater qu'ils n'avaient pas souvent goûté de biscuit de Reims ou de sucre. En lui en donnant un peu de ma part il appréciera beaucoup plus encore son bonheur.

Embrasse bien fort pour moi maman et Jeanne, comme je t'embrasse moi-même de mon meilleur cœur.

Emile.

J'ai reçu vos lettres 1 et 2.

A bord du Bien-Hoa, le 29 9bre 1884.

Ma mère chérie.

La vue de Suez nous a un peu dédommagés de notre séjour à Port-Saïd; malheureusement nous n'avons fait que passer; de plus la nuit tombait rapidement, nous avons cependant eu le temps d'apercevoir Mr de Lesseps qui est venu à bord d'un petit vapeur longer le Bien-Hoa en nous disant qu'il enverrait à Paris la nouvelle de notre bon passage et en nous souhaitant bon voyage. Un peu avant la sortie du Canal on trouve sur les deux rives le véritable désert avec ses montagnes roses. Ce qui en augmentait la valeur était la vue d'un hameau Arabe sur la rive et d'une caravane de chameaux, venant de l'intérieur, couverts de marchandises de toutes sortes. Mais, dans la mer Rouge l'horizon est moins varié. Nous avons vu de loin le Mont Sinaï, puis par moments quelques montagnes, mais trop éloignées pour offrir de l'intérêt. La mer est calme comme un lac, le soleil commence à devenir plus chaud et les cabines un peu étouffantes. Chacun se met dans un coin un livre à la main, luttant contre le sommeil, beaucoup finissent par faire une sieste involontaire

J'ai résisté jusqu'ici pour mieux dormir la nuit ; de plus un passager possédant une grammaire annamite je vais en apprendre quelques bribes qui me seront utiles en arrivant et me donneront les premiers éléments de la langue.

Nous comptons toujours descendre à Aden ; j'en profiterai pour acheter du blanc d'Espagne pour nettoyer mon casque qui se salit très vite à cause du charbon de la machine. Quant à Ceylan nous le verrons de loin seulement, aussi beaucoup souhaitent un petit dérangement dans la machine qui nous force à faire une escale de 24 heures à Colombo. Nos prévisions seront probablement déçues car tout semble marcher fort bien maintenant dans les chaudières. Le docteur Zuber m'a conseillé d'acheter à Saïgon quelques boîtes de lait concentré pour le Tonkin, je suivrai naturellement son conseil.

Nous avons eu une dépêche de l'agence Havas, nous annonçant que le choléra avait diminué de beaucoup à Paris, je souhaite bien vivement qu'il disparaisse complètement cet hiver, pour qu'il ne laisse plus aucune inquiétude pour l'été prochain.

Je n'ai pas beaucoup usé de mon Montaigne; car je n'en ai guère lu qu'une quinzaine de pages; je préfère le garder pour le Tonkin où je n'aurai plus à ma disposition tous les livres qui circulent à bord.

Mon camarade Normand a découvert un gabier pour laver notre linge ; je lui donnerai surtout mes chemises qu'il doit même repasser, de manière à en avoir de propres pour Aden, Singapour et Saïgon.

30 Novembre.

C'est aujourd'hui Dimanche ; rien de nouveau depuis hier, sinon que la chaleur augmente ; il paraît que la température n'a jamais été aussi douce dans la mer Rouge, on doit y fondre au mois d'Août. Nous laissons la porte de notre cabine ouverte pendant la nuit et nous avons abandonné nos couvertures ; mais sans quitter nos ceintures de flanelle que nous gardons jour et nuit. Malgré cette chaleur, je ne bois jamais rien dans la journée ; nos seuls excès consistent dans un verre de limonade que nous jouons le soir à 7 ou 8 au rhams, ce qui est très-hygiénique étant donné le régime échauffant du bord.

2 Décembre.

Je continue aujourd'hui mon petit journal qui sera mis à la poste demain à Aden ; cette date du 2 Décembre nous rappelle à vous trois comme à moi de tristes souvenirs ; ce mois qui commence ne sera pas gai pour nous quatre et je serai plus que jamais avec vous par la pensée.

A l'heure actuelle nous sommes encore dans la mer Rouge dont nous sortirons ce soir à minuit pour débarquer à Aden demain vers midi. Nous devions d'après les premières prévisions y arriver 7 ou 8 heures plus tôt, mais la mer calme comme un lac les deux premiers jours nous fait danser depuis avant-hier; il est vrai que ce vent du sud qui ralentit notre marche en ce moment, nous apporte d'un autre côté une bonne brise qui nous rafraichit fortement.

C'était Dimanche le jour de

plus forte chaleur et elle était parfaitement supportable. Cette nuit je me suis promené pendant une demi-heure sur la dunette pour voir la mer qui était magnifique éclairée par la pleine lune. Le temps était très agréable, grâce à la brise et le Bien-Hoa sautait légèrement par-dessus les vagues vertes qui ont même arrosé quelques passagers trop curieux.

Aujourd'hui enfin nous voyons de nouveau la terre, une île perdue au milieu de la mer Rouge et demain le conseil sanitaire d'Aden nous permettra je l'espère de remettre un pied sur la terre après l'avoir vue de si près et si longtemps à Port-Saïd.

Il existe une bibliothèque à bord qui renferme deux cents ouvrages environ, dans lesquels j'ai déja puisé des magasins pittoresques qui vont de 1830 à 1872. Je m'amuse en même temps à y prendre quelques dessins pour arriver à faire des croquis passables d'après nature. J'ai essayé de faire le portrait de quelques uns de mes camarades, pas très-ressemblants, mais qui s'en rapprochent un peu au dire de ceux qui ont vu mes œuvres.

Nouveaux renseignements plus positifs : le Commandant du bord à un de nos Capitaines que nous resterions à Saïgon dix à douze jours et qu'il nous conduirait ensuite au Tonkin.

En revenant, le Bien-Hoa doit ramener 300 prisonniers Annamites dont 100 femmes, condamnés en Cochinchine à la déportation et qui doivent être envoyés de là en Nelle Calédonie.

Nous faisons peu à peu connaissance avec les passagers civils du bord, tous anciens fonctionnaires en Cochinchine et par conséquent à même de nous donner des renseignements utiles et certains sur le climat et l'hygiène à suivre. D'après ce qu'on m'a dit et même ce que j'ai lu il est préférable de ne pas faire la sieste ; c'est dans cette intention que je prends sur mon petit carnet le plus de croquis possible que je recopierai dans mes loisirs sur mon album. D'ailleurs, la vie et les conseils de ceux qui y sont maintenant seront pour nous évidemment les meilleurs guides.

Je t'embrasse bien fort ma bonne maman ainsi que Marguerite et Jeanne sans oublier petit Mick qui te tient compagnie plus que jamais.

Emile.

J'ai hâte d'arriver pour avoir un mot de vous ; peut-être en m'écrivant immédiatement pourrai-je recevoir une lettre à Saïgon. En y mettant « faire suivre » elle me rejoindrait en tous cas au Tonkin sans beaucoup de retard.

Nous venons d'arriver à Aden; mais nous ne savons encore si nous descendrons, je t'envoie une dépêche pour te dire que tu peux m'écrire immédiatement à Saïgon où nous resterons du 24 Décembre au 4 Janvier.

8 Décembre 1884.

Ma chère mère.

Depuis le 3 Décembre nous avons quitté Aden, mais j'ai dû remettre à aujourd'hui ma correspondance, la mer m'ayant interdit toute besogne absorbante; mon estomac ne s'en est pas ressenti, mais des étourdissements précurseurs m'avertissaient suffisamment. L'Océan Indien dont tout le monde vantait la douceur s'est à peu près calmé aujourd'hui; malheureusement le vent est toujours contre nous et notre vitesse journalière ne dépasse guère

216 milles. Par bonheur, le conseil sanitaire d'Aden a été moins rigoureux pour nous et les quelques heures passées à terre nous permettent d'attendre plus patiemment l'arrivée à Singapour. En outre ce simple aperçu que nous avons eu de cette terre d'Arabie nous a laissé une bonne impression en raison de la nouveauté complète pour nous du pays et des habitants. Le 3 Décembre à 11 heures du matin, le Bien Hoa jetait l'ancre dans la rade d'Aden et à peine était-il mouillé que nous avons vu accourir une vingtaine de petites pirogues longues de 3 mètres environ, montées chacune par un petit nègre muni d'une pagaie,

toutes manœuvrant avec rapidité et venant se ranger près du bord. Quand l'un de nous jetait un sou dans la mer, tous abondonnant leur embarcation se jetaient à l'eau plongeaient et l'un d'eux revenait bientôt à la surface le sou dans son porte-monnaie c'est-à-dire dans la bouche. Quand les sous tardaient trop à pleuvoir, c'étaient des cris : à la mer, à la mer! articulés d'une façon continue par ces petits Somalis s'agitant dans l'eau comme dans leur élément. A midi, le Commandant nous fait prévenir que nous pourrons descendre jusqu'au lendemain 7 heures du matin. Nous nous embarquons sur une barque manœuvrée par 6 nègres, tous gaillards solides mais sous lesquels on devine encore des instincts de sauvagerie mal éteints. A peine débarqué on s'aperçoit que les naturels ont déjà une légère teinte de civilisation à la rapidité avec laquelle ils se précipitent sur nous pour changer l'or français en roupies anglaises, la seule monnaie ayant cours. Impossible de rien comprendre au milieu de leurs cris, nous nous adressons à un policemen dont le signe de commandement est un fouet bien emmanché et après une distribution de coups de pied et de coups de trique bien appliqués pour nous dégager, nous changeons enfin

20f contre 8 roupies soit une perte de 2f50 environ; c'est là un vol inévitable car il nous faut payer immédiatement et les roupies ayant un cours variant de 2f à 2f50, nous sommes obligés de nous en rapporter à leur dire. Nous prenons enfin pied sur le quai de Steamer-Point, qui est le port suivis cette fois de garçons d'hôtel, de juifs marchands de plumes d'Autruche, d'éventails, etc. . . . .

Ils ne nous quittent qu'arrivés au seul hôtel français de l'endroit où la maîtresse, le fouet à la main, repousse les envahisseurs à chaque instant. A 2 heures après bien des pourparlers nous nous embarquons à 3 dans une voiture qui doit nous transporter à Aden située à 3 Kilom. de là. La route est fort belle mais la végétation absolument nulle; il n'y a pas le moindre brin d'herbe, le sol est formé de rochers brulés continuellement par un soleil accablant. Après quelques minutes d'ascension nous arrivons à la porte d'Aden, mais non à Aden même; la ville d'Aden est, en effet, un grand village Arabe situé dans un immense entonnoir de 2 Kilom. de diamètre et limité par des hauteurs couronnées elles-mêmes par une suite de fortifications. Ce sont des ouvrages considérables d'utilité peut-être contestable, mais qui n'en montrent pas moins la ténacité des Anglais et leur richesse. Après avoir franchi la porte d'enceinte gardée par un poste de Cipayes, on suit un long corridor entre deux falaises à pic et on débouche enfin dans la plaine d'Aden. Le cocher nous conduit aux citernes, cuvettes énormes destinées à recueillir l'eau qui voudra tomber du ciel. Ce sont des travaux énormes commencés dès la plus haute antiquité, achevés par les Anglais, mais qui ne demandent qu'une chose pour être utiles : de l'eau. Or depuis 10 ans, dit-on, il n'a pas plu à Aden. La seule eau du pays provient de 3 puits creusés dans le roc fort profonds et où des nègres puisent l'eau dans les outres du matin au soir. En revenant des citernes, le cocher veut nous ramener immédiatement à Steamer-Point, nous sommes obligés de le menacer de ne pas le payer et il consent enfin à nous faire parcourir quelques rues dans la ville Arabe. Rien ne peut donner une idée de ce fourmillement de nègres de toutes races, drapés de toutes les couleurs, fiers comme des seigneurs, celui-ci perché sur son chameau, celui-là sur son âne, celui-là assis au soleil sur les talons, la tête blanchie par la chaux. Nous reprenons le chemin du port, c'est jour de marché et la route sur toute sa longueur offre presque autant d'animation que le boulevard des Italiens. Ce sont de jeunes nègres élancés, drapés de blanc, un bâton à la main, l'amulette dans un étui de cuir au cou; des femmes arabes, une outre sous un bras, portant leur enfant à cheval sur la hanche; puis des juifs à la figure répugnante, la tête encadrée entre deux longues mèches et enfin des files de chameaux, attachés l'un derrière l'autre, chargés d'outres, de bagages et sur le premier un Arabe balancé doucement. Je quitte mes camarades pour aller au télégraphe situé à 4 kilom. de l'autre côté de la ville, je prends naturellement une voiture moyennant une roupie et demie. Je tombe de nouveau dans une caserne de Cipayes et après une nouvelle ascension je confie mon télégramme au bureau Anglais.

Le soir à 6 heures nous dînons; c'est une véritable fusillade à 3 roupies par tête; la qualité de Français du maître d'hôtel nous empêche seule de lui témoigner notre contentement d'une façon trop sensible; après dîner, nous passons une heure à un café concert où les exécutants et les exécutantes au nombre de 10 et de nationalités différentes mais européennes, accueillent notre arrivée par la Marseillaise; là encore; la boisson est pitoyable tout en étant d'un prix exhorbitant, là encore, nous retrouvons les jeunes négrillons nous offrant des éventails et de petits morceaux de bois pour se nettoyer les dents; ces espèces d'allumettes sont d'ailleurs la seule trace de végétaux que j'aie vu sauf deux ou trois arbustes qui poussent à grand peine près des citernes. A 9 heures enfin, nous nous rembarquons mais à peine dans le bateau, les nègres ne veulent plus partir sous prétexte que nous ne sommes pas assez nombreux; heureusement deux soldats anglais surviennent et les menaçant de leur Stick les obligent à nous rapatrier enfin au Bien-Hoa. Il nous semble en effet, en y rentrant que nous retrouvons un coin de terre française et ce voyage rapide dans ce pays si dénudé et si pittoresque, si pauvre et si peuplé nous laisse une vive impression tout en nous faisant trouver un nouveau charme dans ce Bien-Hoa dont le drapeau semble toujours saluer notre retour avec un nouveau plaisir.

15 Décembre.

Nous n'avons pas encore vu de terre de près depuis Aden; aussi le temps commence-t-il à paraître long : l'île de Socotora le 6 Décembre, l'île de Mini-Koy le 11 et la pointe de

Galles dans l'île de Ceylan le 13. Vues d'ailleurs peu intéressantes en raison de leur éloignement de sorte que les seules distractions extérieures sont les couchers de soleil toujours splendides et la phosphorescence de la mer qui forme autour du Bien-Hoa une couronne lumineuse d'un blanc éclatant, émaillée de points brillants. Peu de bateaux en vue; un seul est passé assez près de nous en face de Socotora : c'était un paquebot des messageries maritimes françaises qui nous demanda s'il fallait donner de nos nouvelles. Le Commandant répondit avec les signaux que tout allait bien à bord et qu'il le priait d'en porter la nouvelle, nous n'avons pas vu le nom du bateau, mais je pense que malgré son rapide éloignement il a pu apercevoir notre réponse.

La température augmente, mais elle n'est pas tellement forte que j'aie dû quitter mes effets de flanelle bleue; elle exige néanmoins quelques précautions et le casque ne disparaît qu'après le coucher du soleil. Je préfère garder mes effets blancs pour Saïgon même, le blanchisseur que nous avions pris au commencement nous a rapporté en effet des mouchoirs complètement abîmés par la rouille et presque hors d'usage; aussi avons-nous renoncé complètement à ce mode de blanchissage. J'aurai le temps à Saïgon de faire laver mon linge.

La mer est toujours aussi bonne pour nous, sauf un peu de roulis qui détruit de temps à autre l'équilibre des bouteilles et de quelques estomacs délicats. La monotonie du bord est aussi un peu rompue par des bandes de poissons volants effrayés de la marche du navire et qui parcourent parfois 50 à 60 m. au-dessus des vagues.

Le seul moment désagréable de la journée est celui du coucher en raison de l'air confiné des cabines; mais cette impression disparaît en un quart d'heure à peine et nous dormons jusqu'à 8 heures du matin après de nombreuses évolutions dans notre lit pour trouver une place fraîche sur l'oreiller.

Parmi les passagers se trouve un Capitaine d'Artillerie de marine Gosselin de la promotion de Sibert avec lequel j'ai ainsi pu causer de Richard, Grassin, Crozier, etc..... Les sujets de conversation manquent naturellement un peu ; mais on y supplée par des discussions sans fin sur la politique, l'armée, etc.... de sorte que peu à peu nous avons réformé tout l'édifice politique, social et économique de la France et du monde entier. J'ai dévoré en outre quatre volumes de Jules Verne cinq magasins pittoresques; en y ajoutant quelques petites promenades sur la dunette et quelques cigarettes, on arrive ainsi à passer la journée.

18 Décembre.

Je viens d'écrire à mon ancien Chef de Bataillon, le Commandant Noël; il a été toujours très-gentil pour moi et ma lettre lui fera certainement beaucoup de plaisir. J'ai envoyé également des épitres à Bastard et à Georges Materne de manière à avoir le plus de lettres possible là-bas. Je n'écrirai à Alfred qu'une fois arrivé, dis-lui ainsi qu'à Édouard que si je ne leur écris pas maintenant, c'est que je sais qu'ils ont de mes nouvelles par vous. Normand écrit en ce moment au Commandant Blancq; j'en profiterai pour y ajouter quelques mots.

19 Décembre 84.

L'Officier de quart vient de nous communiquer le point, nous ne sommes plus qu'à 36 milles de Singapour; nous pourrons donc débarquer vers 4 heures. Depuis ce matin, on aperçoit des îles des deux côtés du détroit et cette verdure qui nous a fait défaut depuis Alger nous fait bien plaisir. Nous repartirons demain dans la journée et serons par conséquent à Saïgon avant Noël ou le jour même de Noël. Je me porte toujours fort bien et conserve toujours un très fort appétit malgré la température qui augmente depuis quelques jours. Elle se fait sentir surtout au moment du coucher du soleil; la brise tombe subitement et ne souffle de nouveau qu'à 10 heures du soir.

Je termine ici ma lettre, j'y ajouterai quelques mots au dernier moment si j'apprends quelque chose de nouveau.

Je vous embrasse toutes trois bien fort et de tout mon cœur et j'attends avec impatience le moment où je recevrai ta lettre et de vos nouvelles à Saïgon. Fais toutes mes amitiés à nos amis de Paris ainsi qu'à Alfred, Edouard et Mathilde et ne t'inquiètez pas de moi; je suis on ne peut mieux portant et dors et mange mieux même qu'à Paris.

Je t'embrasse encore une fois.

Emile.

Nous repartirons demain matin à 8 heures.

Saïgon, le 24 Décembre 1884.

Ma chère mère chérie.

En arrivant à l'entrée de la rivière qui conduit à Saïgon, nous avons vu de loin le courrier français qui nous suivait et comme je savais qu'il y avait une lettre de toi, j'ai attendu avec beaucoup d'impatience la distribution du courrier ce qui a eu lieu tout à l'heure. Les nouvelles ne sont pas fraîches, mais ces quelques lignes me transportent par la pensée auprès de toi et je crois voir encore petit Mick sur tes genoux.

Notre voyage se passe toujours

fort bien et notre traversée a lieu dans les meilleures conditions à tous points de vue. Je reprends mon itinéraire au point où je l'ai laissé dans ma dernière lettre, c'est-à-dire à notre arrivée à Singapour. Quel contraste avec Aden, Port-Saïd et la mer Rouge qui semblent faits pour faire valoir encore mieux la presqu'île de Malacca après les longs 15 jours de mer de l'Océan Indien. En arrivant on voit de tous côtés des îles très boisées couvertes de palmiers, cocotiers, bananiers, etc.... A quatre heures, nous débarquons à Harbourg, dépôt de charbon, nous prenons une voiture du pays conduite par un Malabar qui nous conduit à Singapour même, je mets mes lettres à la poste et nous parcourons les rues principales. L'odeur caractéristique qui s'y dégage et qui va nous suivre désormais partout nous indique la présence des Chinois qui forment en grande partie la population. Tous, travailleurs et studieux, établis dans leurs petites boutiques ornées d'immenses lanternes et surmontées d'une enseigne rouge avec le nom du propriétaire en caractères chinois. Nous voyons en passant un théâtre chinois établi en plein air où se pavanent quelques enfants poussant des cris incompréhensibles avec grand renfort de gongs.

au grand plaisir de 200 ou 300 assistants. Nous achetons deux tricots formés de mailles très-larges et destinés à remplacer la chemise, (sur la recommandation du Colonel Guerrier à Normand) puis 2 joncs pour la modique somme de 20 sous que je vais faire monter à Saïgon. Inutile de dire qu'il faut sur tous les prix rabattre de moitié immédiatement sous peine d'être volé outrageusement. Le soir dîner à l'hôtel de l'Europe dont la cuisine et le karrie nous remettent de la cuisine du bord, et nous rentrons le soir après quelques tours dans la ville. J'ai également visité le temple protestant fort curieux avec ses immenses pankas ou écrans blancs dont le balancement rafraîchit l'air continuellement. Quant à la végétation, elle est admirable et les fruits (dont j'use avec modération) y sont excellents, les bananes, ananas, coûtent très-bon marché et sont d'une grande saveur.

De notre traversée de Singapour à l'entrée de la rivière de Saïgon peu de chose à dire; elle est si courte que le temps passe vite. Le 22 Décembre nous passons devant les îles de Poulo-Condor et le 23 au matin, nous arrêtons à côté du cap St Jacques. La rivière de Saïgon présente un banc d'argile qui ne peut être franchi qu'au moment de la grande marée. A midi et demi nous remontons lentement la rivière (appelée arroyo dans le pays) et formée elle-même de plusieurs arroyos entre lesquels s'étendent des plaines d'alluvions formés par le fleuve. Elles sont couvertes de palétuviers qui y poussent immédiatement les racines émergeant au-dessus de l'eau. Quand le sol a pris assez de consistance, on brûle ces petites forêts et on fait des rizières. Cette transformation se présente peu à peu devant nous à mesure que nous approchons de Saïgon. Nous voyons également assoupis sur la rive deux superbes caïmans; puis quelques singes que notre bateau ne semble pas effaroucher. A 5 heures, enfin, nous mouillons devant Saïgon, de nombreuses barques annamites ou sampans nous entourent, ce sont des gondoles au milieu desquelles s'élève une petite hutte en paillotte et qui sert de maison à toute une famille; l'homme rame devant, la femme à l'arrière ramant également debout et maniant la barre du gouvernail avec le pied, les enfants dorment dans un coin auprès du fourneau. Le bateau s'avance rapidement malgré le courant, mais chacun s'occupe peu de son voisin; aussi le débarquement se fait-il avec quelque peu de désordre.

La ville de Saïgon est fort belle, et elle nous semble d'autant plus belle qu'elle est française. Grands boulevards bien percés, avec bordures d'arbres; restaurants et boutiques splendides, mais partout encore des Chinois; l'aspect est cependant bien différent de celui de Singapour. Saïgon est, en effet, une ville française où les Chinois n'ont pénétré que peu à peu. Singapour est au contraire une ville chinoise où les Anglais se sont implantés dans la suite redressant les rues mais laissant debout les bicoques du Céleste Empire. Saïgon renferme en outre des édifices

splendides, la poste, le palais du Gouverneur, du Général, etc........
Nous allons au cercle des officiers, mais je n'y vois personne de connaissance. Nous entendons aussi la musique de l'infanterie de marine. A 9 heures 1/2, un administrateur d'un district de Cochinchine qui était à bord du Bien-Hoa, m'invite ainsi que deux autres officiers à faire un tour dans la campagne. Il ne fait pas de clair de lune, mais les deux petits chevaux attelés à la voiture découverte nous entraînent rapidement et le vent qui nous fouette la figure nous rafraîchit agréablement. De temps en temps, on aperçoit une paillotte ou petite

maisonnette d'annamite formée de bambous mal joints à travers lesquels on voit la famille mangeant le riz avec ses deux petits batonnets; nous traversons deux villages où nous apercevons aussi des cabarets ou fumeries d'opium; puis nous revenons coucher au Bien-Hoa. Les habitants sont d'un naturel très doux et très serviable, le type de l'annamite se rapproche de celui du chinois, mais il est plus beau, le plus souvent ils portent un chignon, leurs yeux sont noirs et fendus, mais l'habitude qu'ils ont de chiquer du bétel leur donne des dents et une bouche affreuses.

Quelques femmes sont presque

blanches et ont même un physique agréable. Quant aux Chinois on les voit travailler avec ardeur dans les boutiques de tailleurs-cordonniers, les deux professions toujours réunies. Ils sont dix à quinze apportant tous dans leur besogne la même ardeur et la même patience au milieu d'un religieux silence. Au fond de la boutique, trône Boudha représenté grossièrement sur une toile à côté de laquelle est une veilleuse et des petits rubans de papier qu'on brûle de temps en temps en l'honneur du dieu. La plus grande liberté règne d'ailleurs ici; on peut entrer dans n'importe quelle demeure d'indigène, regarder puis s'en aller. Le propriétaire ne s'occupe pas du visiteur quelque intempestive que puisse être sa visite.

Nous ne savons encore la date de notre départ, mais nous partirons en tous cas après le 1er Janvier. Nous avons d'ailleurs de quoi nous occuper: les casernes, le jardin zoologique, des courses de buffles, la ville chinoise de Cholen, qui nous donne de nouvelles surprises. Jeanne avait bien raison d'envier mon sort et les voyages sont la plus grande distraction qu'on puisse trouver. Chaque jour, c'est quelque chose de nouveau; et cependant, ces chinois, ces annamites que nous voyons pour la première fois, il nous semble que nous les connaissons depuis longtemps et leurs mœurs, quelque singulières et quelque originales qu'elles soient, nous semblent les plus naturelles et les plus ordinaires.

J'oubliais de te dire que le départ de nombreux passagers nous a permis de prendre une cabine plus aérée et plus éclairée que notre ancienne demeure ce qui est appréciable puisque nous avons encore quinze jours à passer ici.

Je t'enverrai encore un mot avant notre départ, par le courrier français. Je ne te parle pas de ma santé, elle est toujours excellente et la chaleur m'incommode peu.

Dis à Marguerite et à Jeanne que je vais faire quelques croquis, de façon qu'à mon retour ils puissent compenser, autant que possible, les lacunes que mes lettres peuvent laisser.

Je t'embrasse bien fort, ma bonne maman, et d'autant plus fort que les quelques jours qui nous séparent de l'année 1885 vont nous rappeler à vous comme à moi de bien durs souvenirs. Prends donc pour toi dans cette lettre un bon gros baiser que je t'envoie avec tout le meilleur de mon cœur ainsi qu'à Marguerite et à Jeanne.

N'oublie pas non plus ton fidèle

petit compagnon, le bon Mick et donne-lui un bon morceau de biscuit en échange d'une bonne lèche pour son petit maître.

Emile.

Renseignements pris, il y a ici un Lieutenant d'infanterie de marine de ma promotion et un Capitaine qui était à l'école de tir du Ruchard comme Lieutenant.

Saïgon, le 28 Décembre 1884

Ma chère Jeannette.

Le papier sur lequel je t'écris est de bien mauvaise qualité, mais je l'ai acheté ainsi que les enveloppes chez un marchand chinois, et il a du moins le mérite d'être parfaitement authentique ; nous avons déjà bien utilisé notre séjour à Saïgon et nous en connaissons tous les environs. La ville est belle, les rues larges et bien ombragées, la vie y est suspendue de 11^{h} à 4^{h}, mais en dehors de ces heures, l'aspect est assez animé. Après la sieste, de

5 à 7h, on fait en voiture ce qu'on appelle le « Tour de l'Inspection » qui remplace ici le tour du lac. Les voitures marchent très-bien et coûtent bon marché ; pendant une heure, on suit une belle route bordée de fort beaux arbres, coupant de temps en temps un cours d'eau ou arroyo et traversant des villages annamites assez misérables. J'ai fait cette promenade la veille de Noël et toutes les familles annamites catholiques avaient mis devant leurs cases des mats tricolores avec des lanternes vénitiennes, il y avait même un reposoir devant une chapelle catholique.

J'ai fait aussi deux autres

excursions à la ville chinoise de Chol[illegible]
qui a près de 40.000 habitants et es[illegible]
le centre du commerce du riz. Elle es[illegible]
située à 5 Kilom. de Saïgon. La
première fois, j'y suis allé le soir, nou[illegible]
sommes entrés au théâtre chinois
sans rien payer, en notre qualité
d'Européens et nous avons visité
les coulisses où se grimaient les
artistes, tous hommes, les femmes
ne paraissant jamais sur la scène
Quant à la pièce elle même, elle
était incompréhensible; au milieu
était un homme costumé en femme
assis devant une table et poussant
de temps en temps des cris aigus;
toujours la même note; accompagna[illegible]

la musique de huit musiciens placés sur le côté. En dehors de ces acteurs, il y avait une trentaine d'autres chinois sur la scène, courant, se promenant sans s'inquiéter du drame. Quant aux 200 ou 300 spectateurs ils écoutaient avec beaucoup d'attention sans prendre garde à nous. En sortant, nous avons parcouru la grande rue, sur les deux côtés, sont établis des marchands avec des petites tables couvertes de fruits, mets chinois, thé, café, etc........., nous avons bu une tasse de thé exécrable, si mauvais que nous avons cru que le marchand nous avait donné de la chicorée au lieu de thé. Mais ma seconde promenade à Cholen a été de beaucoup plus intéressante ; nous étions accompagnés d'un jeune Annamite ayant fait la traversée avec nous et qui nous a conduits chez le « Phu » ou préfet de Cholen ; annamite ainsi que sa famille. Le Phu était absent, mais sa femme nous a reçus avec beaucoup de grâce ; elle nous a offert un verre de madère et, enchantée des compliments que nous lui avons faits par l'intermédiaire de notre interprète, elle a fait apporter sa cassette renfermant une trentaine de bracelets en or massif finement ciselés, puis des colliers, des épingles, et enfin un morceau de bois guérissant des douleurs. Tous ces bijoux étaient très beaux; mais le prix en est élevé. A ses doigts surmontés d'ongles de quelques centimètres de longueur, elle avait 14 bagues avec des diamants splendides. Nous avons ensuite visité la maison où nous avons vu entre autres curiosités, un lit de parade en bois incrusté; un écritoire de l'Empereur de Chine une profusion d'armes Japonaises. Au rez-de-chaussée était la salle à manger dont la table était couverte de gâteaux annamites, en l'honneur de la fête du Phu; il y avait 33 plats différents et il paraît que dans les grands dîners leur nombre s'élève à 250. La maîtresse de maison maniant avec dextérité ses deux bâtonnets nous a offert de l'ail confit, des pousses de bambou, puis une variété de gâteaux faits avec du blanc d'œuf, du riz et quelques plantes du pays. Nous avons ensuite été voir dans le jardin un petit éléphant, qui s'est mis à genoux devant nous, en disant un beau « oui »; à notre départ, Madame la Phu nous a offert gracieusement une rose à chacun en nous souhaitant un bon voyage. Elle n'est pas belle et doit avoir quarante ans au moins; car elle a eu 22 enfants et s'est probablement mariée à 14 ou 15 ans; son costume se composait d'un pantalon noir et d'une robe blanche avec des petits souliers recourbés à la poulaine ; mais ce qui lui nuit comme à toutes ses compatriotes c'est l'habitude de mâcher du bétel ; ses dents sont noircies, les lèvres et les gencives sanguinolentes. Elle mène une vie très-indépendante, elle a fait construire et meubler sa maison pendant le voyage de son mari qui a fait le tour du monde ; maintenant, il considère sa maison comme un hôtel, tous les soirs sa femme lui donne deux piastres pour passer sa soirée avec ses amis. Nous avons entrevu deux de ses filles avec des colliers d'or au cou, mais vêtues simplement d'une robe noire annamite.

De là, nous sommes allés dans une pagode; l'aspect intérieur en est très-misérable; le milieu est à ciel découvert; à l'extrémité trône Boudha, en l'honneur duquel on fait brûler de petits cierges un peu plus gros que de la paille; à côté de lui se trouve le dieu de la guerre et son aide de camp; nous voyons aussi la déesse gardée par deux immenses cigognes debout sur des tortues. Nous parcourons ensuite une rue, mais un mendiant auquel nous avons fait l'aumône appelle ses collègues et nous sommes bientôt escortés d'une trentaine de pauvres et d'enfants. Pour nous en tirer à bon marché nous demandons dans une boutique la monnaie de deux sous et avec les 70 sapèques qu'on nous donne à la place nous faisons une distribution à tous ces affamés.

J'ai retrouvé à Saïgon un capitaine d'infanterie de marine qui était avec moi au Ruchard et qui m'a invité à déjeuner; j'ai visité avec lui la caserne qui est splendide et qui n'a pas coûté moins de 8 millions. Les monuments publics sont tous splendides, mais le peu que j'ai vu de la Cochinchine suffit pour faire comprendre que la colonie est assez riche pour se donner un tel superflu. Tout ce que j'ai entendu sur la Cochinchine en France m'a paru très erroné et c'est l'avis de tous les habitants, les conditions sanitaires se sont améliorées de beaucoup et les officiers que j'ai vus avec un ou deux ans de séjour en Cochinchine avaient bonne mine et quelques-uns même très bonne mine. Nous n'avons qu'un seul ennui à bord, ce sont les moustiques qui nous harcèlent la nuit et contre lesquels nous n'avons rien pour nous protéger. On m'a dit qu'on avait envoyé au Tonkin des moustiquaires et en outre 5000 lits ?; il paraît de plus que le 111e est à Hanoï même en ce moment. J'arriverai donc dans les meilleures conditions possibles et dans la meilleure saison. D'après des lettres reçues par des officiers, on met maintenant des vêtements de drap, on est même obligé de faire du feu le soir. Les deux mois et demi d'hiver que nous allons y passer vont donc nous reposer de la chaleur un peu lourde de Saïgon.

2 Janvier 1885.

Nous quittons la Cochinchine le 5 Janvier, notre départ a été retardé parce que nous devons prendre avec nous 60 chevaux du Cambodge. Nous serons donc restés ici quinze jours et les derniers nous paraissent longs ; il faut pour descendre à terre prendre chaque fois un bateau, la-

chaleur empêche de faire de grandes
courses à pied; on ne peut donc qu
prendre une voiture ou s'arrêter
dans un café où les consommations
sont fort chères (je reste toujours
fidèle au thé); tout ceci est assez
dispendieux aussi chacun commen
à sentir le fond de sa bourse. Normar
et moi avons fait une réserve pour
notre arrivée au Tonkin ce qui nou
permettra de tenir bon jusqu'à notre
bataillon. De plus les occasions de
dépenses sont fort nombreuses; comm
j'avais ce qu'il me fallait, je ne me
suis point laissé entraîner et cepe
dant les tailleurs et cordonniers
Chinois vendent très-bon marché; i

n'en est pas de même des marchands de curiosités qui vendent des vases comme on en voit au Bon Marché trois ou quatre fois leur prix à Paris; aussi est-il de règle dans ses achats d'offrir au marchand le quart et même le sixième de ce qu'il demande.

Nous ne savons encore rien au sujet de l'emplacement de notre bataillon, les renseignements étant tous contradictoires; on est d'ailleurs moins renseigné ici qu'en France. Je mettrai une lettre à la poste avant mon départ pour partir par le courrier Anglais.

Embrasse bien Mère et Marguerite pour moi, ma petite

Jeannette, les quelques jours qui viennent de se passer ont été bien tristes pour vous trois et c'est avec les mêmes idées que je vous envoie mes meilleurs et mes plus gros baisers.

Ton frérot chéri.

Emile.

Mon état sanitaire est excellent et meilleur même qu'en France, l'appétit est fort bon et la digestion se fait sans encombre. J'ai pensé que vous pourriez m'envoyer le Temps par paquets de quelques numéros; il y aura peu de livres au Tonkin et j'aurai ainsi quelques lectures à faire de temps en temps. Ci-joint la rose de Madame la Phu (Préfète) de Cholon.

Saïgon, 4 Janvier 1885.

Ma chère Marguerite.

J'ai peu de choses à ajouter à la lettre que j'ai mise hier à la poste, mais je préfère profiter du départ du courrier anglais avant de quitter la Cochinchine. Nous avons embarqué ce matin 60 petits chevaux du Cambodge et enfoui dans la cale une grande quantité de rails Decauville; demain matin à 6 heures nous lèverons l'ancre. Nous ne regrettons pas cet arrêt à Saïgon, mais nous commencions à le trouver long, incommodés surtout par les moustiques que notre station au milieu de la rivière favorisait dans leurs attaques nous nous livrons tous les soirs, nous deux Normand à une expédition contre eux; ce qui ne supprime pas, mais diminue du moins d'une façon notable nos assaillants. Nos promenades se bornent à deux sorties par jour avant et après le dîner et l'oisiveté qui nous domine nous entraîne à une sieste forcée dans le milieu de la journée.

La température est toujours supportable mais il ne tombe pas une goutte d'eau. Au coucher du soleil tout reprend de la vie et la chaleur diminue un peu nous allons en profiter pour aller entendre la musique de l'infanterie de marine avant notre départ et de là dîner au cercle militaire où nous sommes tous invités. Notre séjour à Saïgon aura eu du moins pour nous le résultat de nous familiariser avec les us et coutumes des Annamites et des Chinois et ceux-ci avec leur queue, ceux-là avec leur chignon nous paraissent être des connaissances de longue date. L'odeur même si pénétrante de l'opium ne nous incommode plus et je suis resté avant-hier dans une fumerie pendant 5 minutes à les observer dans la douce béatitude que leur procure cet espèce de poison Nous partons donc pour le Tonkin ayant déjà un avant-goût des habitants que nous allons y trouver, puisque les mœurs diffèrent peu de celles de la Cochinchine. On nous annonce une mer assez forte pour notre traversée ; mais ceci nous effraie peu et la brise de la mer va nous rafraichir et faciliter notre passage à la température moins élevée du Tonkin.

Je t'enverrai donc ma prochaine lettre d'Haï-phong par le courrier français mais dans la suite il y aura toujours un peu de retard en raison du trajet que mes lettres auront à parcourir par terre.

Fais toutes mes amitiés à la

famille Leblanc et Siben ainsi qu'à Mme de Simencourt et dis à Alfred que je lui écrirai dans mes premiers jours du Tonkin.

Embrasse bien fort pour moi Maman et Jeanne comme je t'embrasse moi-même du meilleur de mon cœur.

É. Portier.

Embrasse Mathilde et donne une poignée de main à Édouard de ma part.

Hai-Phong, le 9 Janvier 1885.

Ma chère mère chérie.

Nous sommes arrivés hier à la baie d'Along après une bonne traversée depuis Saïgon; ce matin nous avons dit adieu au Bien-hoa et «le Parsifal» nous a conduits à Haï-Phong. Là enfin, j'ai appris la destination du 111e qui est actuellement à Chu; comme nous avions la journée à nous je suis allé à la poste pour voir s'il y avait des lettres; il n'y en avait pas, elles ont donc dû déjà être parvenues à mon bataillon. De là, je suis allé voir le Colonel

Giovaninelli qui m'a reçu fort aimablement, il doit prendre le commandement de ma brigade en remplacement du général de Négrier indisposé et par suite partir avec nous demain matin.

Nous sommes en effet en ce moment à bord de la canonnière « l'Eclair » qui doit nous conduire une partie du chemin et ensuite nous prenons des pirogues du pays. Le Général m'a demandé si je passerais bientôt Lieutenant et m'a dit qu'il me verrait demain toute la journée. J'ai laissé au dépôt d'Haï-Phong ma grosse malle avec mes effets d'été et j'emporte avec moi mon lit et ma cantine avec tous mes effets d'hiver et ce qui m'est nécessaire pour 4 ou 5 mois. D'ici là j'aurai, si cela m'est nécessaire une occasion pour faire venir ce que je laisse à Haï-Phong.

Une nouvelle relative à l'amélioration de notre bien-être est que nous serons tous montés ce qui diminuera d'autant nos fatigues dans les marches.

La température est très-bonne et et il y a une sensible amélioration avec celle de Saïgon. C'est le temps de Septembre en France et ceci se prolongera encore pendant 3 ou 4 mois.

Je me porte toujours très-bien et ne suis pas fatigué par tous nos changements de domicile. Mais j'attends avec impatience toutes vos lettres. Ne t'inquiète pas au sujet du manque d'argent dont je te parlais et que je regrette même de t'avoir demandé car il me sera inutile.

Je t'embrasse de tout mon cœur, ma bonne mère et j'envoie deux bons gros baisers à Marguerite et à Jeanne.

E. Portier.

12 Janvier 1885.

Ma chère Jeannette.

Je suis depuis deux jours installé à mon corps dans un village situé près du fort de Chu dont le nom ne figure pas sur la carte mais qui serait dans le carré de Lang-Kep au Nord à côté et à l'Est de Loc-Nan. Ceci ne peut avoir d'ailleurs pour toi qu'un intérêt retrospectif puisque nous sommes appelés à changer de place dans quelques jours. D'après ce qu'on présume, nous ferions partie d'une colonne sur Langson mais son rôle sera-t-il important ?

je ne le crois pas. Mais ce qui me fait plaisir, c'est d'être ici dans d'excellentes conditions : mon Capitaine et mon Chef de Bataillon sont fort aimables, ce qui est d'autant plus important que la popotte se faisant par compagnie, c'est une vie commune continuelle qui n'est supportable qu'à la condition d'un accord parfait. Le Colonel Giovaninelli qui vient de prendre le commandement de notre brigade a été fort bienveillant pour moi ainsi que le Lieutenant Colonel Commandant mon régiment de marche. Le Colonel Herbinger doit surtout sa présence au Tonkin à Alfred et naturellement je bénéficie un peu de sa reconnaissance.

Nous sommes fort bien logés en ce moment (étant donné que nous sommes au Tonkin) : les habitants du village sont partis et nous occupons toutes les canias ou cabanes en bambous assez bien construites. La température est froide et les vêtements de drap sont absolument nécessaires.

La nourriture est bonne et nous avons de tout en abondance. Nous appliquons le principe de prendre le plus possible tant qu'on le peut, et nous nous nourrissons avec un luxe presque oriental.

Ce qui laisse le plus à désirer est la correspondance ; je n'ai pas reçu de lettre de vous depuis mon arrivée.

comme le 111e ignorait notre arrivée il les a adressées à d'autre corps; le service est très-irrégulier je ne sais pas plus quand cette lettre vous parviendra. Je vais au rapport au fort dans quelques minutes et je vais déposer ma lettre chez le vaguemestre qui la fera partir plus tôt qu'ici.

Je vais toujours bien; une seule chose me manque c'est l'absence des nouvelles.

Je t'embrasse ainsi que Maman et Marguerite de tout mon meilleur cœur.

Emile.

Je viens d'apprendre le changement du ministère que devient Alfred.

J'ai rencontré le Mousqueton et le Capitaine Fortin. Le Capitaine de Saxé est de mon côté également.

Pagode de Kepp-Ha-

20 Janvier 1

Ma chère petite Jeannette

J'ai reçu avant-hier la lettre de maman datée du 5 Décembre et aujourd'hui la tienne du 25 Novembr qui avait couru dans le Tonkin avan de me parvenir.

Je vous ai envoyé un petit mot à mon arrivée, je n'ai eu que peu de temps, le courrier devant partir le soir même et je vais aujourd'hui compléter les renseignements de ma dernière lettre. Nous sommes maintenant en grand-garde dans une pagode dont la vue figure en tête de la page et qui est sise à 3 Kilom. de Chiû, forteresse établie il y a 3 mois, et qui est placée elle-même à peu près à hauteur et à droite de Loc-Nam au nord du Tonkin. Nous n'avons encore aucune carte de cette région qui n'est occupée que depuis peu. Nous ne sommes en marche que depuis deux jours et nous rentrerons probablement après-demain dans nos cantonnements, c'est-à-dire à 500 m de Chiû. Il n'y a d'ailleurs pas ombre de Chinois; ils ont, en effet, subi un grand échec, il y a une quinzaine de jours. Nous devons reprendre la marche en avant dans peu de temps, peut-être avant la fin du mois, mais la colonne sera assez forte et les Chinois ne nous attendront probablement pas ou du moins nous résisteront peu sur la route de Langson. J'aurais bien voulu vous envoyer une dépêche en arrivant, mais je ne pouvais vous indiquer mon emplacement puisqu'il n'est pas sur la carte. Je vous en enverrai une dans le cas où nous aurions un engagement, elle arrivera certainement avec quelques jours de retard, car il faut qu'elle soit portée par lettre jusqu'à Haï-Phong ou

Hanoï et ceci par un bateau ne partant pas à jour fixe. C'est là d'ailleurs, un ennui bien grand pour moi de rester si longtemps sans nouvelles, je puis même dire que c'est le seul car sous tous les rapports nous sommes dans de bonnes conditions. J'ai laissé au fort de Chûu ma cantine et mon lit qui ne peuvent être transportés et qui ne pourront me servir qu'en station; mais Normand m'a donné une petite valise qui lui était inutile et dans laquelle j'ai mis mon costume bleu, mes bottines et du linge de manière à pouvoir me changer complètement. De plus j'ai ma couverture, ma capote en drap et ma capote en caoutchouc pour la nuit. C'est le matériel emporté par les officiers et qui suffit en général, car nous couchons toujours dans des canias (cabanes) ou des pagodes où on trouve des lits Annamites grandes claies à 30 ou 40 centimètres au-dessus du sol et qui recouvertes de paille constituent de bons lits. (Dans le cas où on ne trouve rien d'installé, on peut à l'aide de bambou en construire en une heure à peine). Le bambou et le riz sont les seules conditions d'existence du Tonkinois ; avec le bambou, en un jour, on construit une cania hermétiquement close et le 2e jour on l'a munie de lit, banc, table, etc, le tout avec le bambou sans un seul clou avec une hache pour tout instrument.

Le Capitaine m'a désigné un

ordonnance excellent, c'est un Corse nommé Fieschi, ayant l'air quelque peu rebarbatif, mais fort dévoué et toujours aux petits soins pour moi. Le soir à quelque heure que je me couche, je le vois apparaître comme sortant de sous terre pour m'envelopper dans ma couverture. Le matin il est encore là, la serviette et un verre de café brûlant à la main, il me sera donc très-utile et je puis compter complètement sur lui en toute circonstance.

Je ne puis me plaindre de la nourriture jusqu'ici, car, pendant les quelques jours que nous avons passés à Oeiram, j'ai été invité à toutes les popotes, nous avons de notre côté rendu ces dîners et toutes les fois on voyait passer devant soi 7 à 8 plats, maintenant même, nous sommes encore très-bien; l'Intendance nous donne tous les jours du bœuf et du bon pain et nous complétons au moyen de poulets, œufs, qui sont en abondance. On trouve également des pommes de terre et un peu de carottes, enfin nous avons des conserves de toutes sortes, thon, pâté de foies gras, légumes, confitures, etc....

La température est aussi supportable; pas de soleil, un peu de pluie; mais la marche n'est pas fatigante ou du moins ne l'est pas sous le rapport de la chaleur, car d'un autre côté, les chemins sont peu nombreux; le petit sentier qui existe est laissé libre pour les mulets de l'artillerie et nous marchons sur le côté dans les rizières ; elles ne renferment pas d'eau, mais elles sont disposées en gradins de sorte que la marche consiste à monter ou à descendre un immense escalier dont les marches ont 50 c/m. de hauteur et 8 à 10 mètres de largeur. Le pays va changer d'aspect pour nous, car nous sommes en ce moment à l'entrée des montagnes ; nous devons rester quelques jours ici et de là nous avancerons peu à peu sur Lang-Son faisant la route qui nous amènera des approvisionnements.

J'ai revu plusieurs fois le Colonel Giovaninelli qui ne manque jamais de me demander comment je vais en me disant bonjour. Le Colonel Herbinger est aussi très aimable; il m'a chargé d'amitiés pour Alfred quand je lui écrirai; mais comme je ne sais où il est maintenant, je vous adresserai ma lettre pour lui faire parvenir. Nous ne savons encore pour quelle raison le ministère Campen est tombé; nous pensons que ce changement est dû à l'envoi de nouveaux renforts.

J'enverrai à mon oncle des curiosités quand l'occasion s'en présentera; mais pendant un mois au moins, nous allons rester dans des villages en général assez pauvres sous ce rapport et nous ne pourrons nous procurer des objets curieux q nous installant dans les localités un peu importantes.

La rapidité avec laquelle nous sommes partis d'Haïphong m'a empêché d'écrire à Mr Roger et je me suis contenté de mettre sur l'enveloppe Hanoï et de la mettre à la poste, je lui enverrai un mot pour lui annoncer mon arrivée et lui indiquer mon emplacement.

J'ai vu de loin le Capitaine de Saxé qui commande la batterie d'artillerie de notre colonne; j'aurai évidemment l'occasion de le voir de plus près.

Pour terminer ma lettre je n'ai plus qu'à te parler de ma santé où plutôt à ne pas en parler; car elle n'a pas changé et je suis toujours aussi bien portant. L'appétit et le sommeil fonctionnent toujours avec la même régularité.

La vie que je mène me plaît beaucoup mais, comme je te le disais plus haut, les lettres sont bien, bien longues à arriver et celle-ci par exemple ne peut arriver avant la fin de Février. Prends toujours pour toi ma chère Jeannette, un bon gros baiser accompagné de deux autres pour maman et Marguerite sans oublier petit Mick.

Je t'embrasse de tout mon cœur.

Emile.

Pagode de Kepp-Ha 1885.

Ma chère Marguerite.

Nous avons eu un départ de courrier il y a deux jours par lequel je vous ai envoyé une lettre, je n'ai pas grandes nouvelles à ajouter aujourd'hui, mais mon après-midi est libre et j'en profite pour t'envoyer quelques mots, j'ai écrit hier au crayon à Alfred pendant un repos dans une petite marche, je t'envoie la lettre avec celle-ci pour lui faire parvenir, ne sachant où il est en ce moment; j'ai également expédié une épître à Edouard en même temps que celle-ci. Je n'ai pas reçu de nouvelles de Paris depuis quatre jours mais nous aurons probablement un courrier dans quelques jours.

Nous sommes toujours dans l'attente ne sachant si nous bougerons ou resterons en place. J'ai changé de compagnie pour quelque temps, il n'y a pas de Capitaine et le Sous-Lieutenant est détaché pour le service du génie, pour peu de temps probablement, la popote était en détresse, le Sous-Lieutenant directeur cherchant à faire des économies; mais j'ai redressé le tout, je fais venir force provisions de sorte que nous sommes montés en cas de départ pour quelques jours. Je viens de détacher des coolies à l'instant dans les villages environnants avec mission de rapporter tous les œufs qu'ils pourraient acheter; j'arriverai peut-être ainsi à en avoir une vingtaine, ce qui nous fera des omelettes pour 2 ou 3 jours. Cette occupation de cuisinier ne manque pas d'un certain charme et les conférences avec le maître coq pompeusement décoré du nom de Vatel, m'aident à passer ce Dimanche que la pluie nous rend monotone. Nous avons quelques Figaros à dévorer, mais c'est tout, aussi n'oubliez pas de m'envoyer le Temps dont le format nous permettra de passer de longues après-midi. Le Colonel Giovaninelli a rappelé à l'observation du Dimanche ce qui est une bonne chose quand c'est possible. Les soldats ont ainsi une après-midi de repos et pour nous cela coupe les mois en tranches qui nous empêchent de perdre toute notion des jours et du temps.

Je viens d'envoyer un mot à l'officier payeur de mon bataillon pour le prier d'envoyer une dépêche vous apprenant que je suis à Loc-nam, puisque c'est le seul nom figurant sur la carte dans cette région. Je ne sais encore s'il a pu le faire.

Voici au surplus un petit croquis de l'endroit où nous sommes qui vous indiquera notre emplacement. De Kepp-Ha nous marcherons probablement sur Dong-Song ce qui tourne la route de Bac-Lé. La route dont nous protégeons l'exécution est celle qui va de Chiù à Liem-Son. Je réitère ici le mot probablement, car on parle de nous laisser en arrière.

28 Janvier 85.

Une modification vient de se produire à notre avantage, le nombre des coolies a été porté à 21 par compagnie dont 6 pour le transport des bagages des officiers, ce qui va me permettre d'emporter mon lit, ma valise et mes couvertures et capotes. En route nous avons 4 coolies pour les cantines à vivres et nous pourrons par conséquent emporter bien des provisions pour un certain temps.

On annonce l'arrivée de nouveaux bataillons dans notre région pour nous renforcer.

J'ai découvert dans la pagode

un petit Boudha en bois doré assez original et complet. Je le fais mettre avec ma cantine à Chiû et je l'enverrai plus tard à mon oncle.

30 Janvier.

J'ai fait venir mon lit et tout préparer pour le départ ; le Général Brière de l'Isle vient d'arriver à Chiû ce qui nous fait présager les opérations dans peu de temps, nous avons fait une reconnaissance avant-hier : Mon peloton était soutien de la batterie d'Artillerie, laquelle était commandée par le Capitaine de Saxé ; j'en ai profité pour lui dire que j'avais entendu parler de son départ chez Mme Leblanc, c'est un homme fort correct et aimable qui est d'ailleurs très-estimé de tous.

La température est toujours la même, cependant la région montagneuse à l'entrée de laquelle nous nous trouvons, tout en étant fort belle et très pittoresque ne laisse pas de rendre la marche assez pénible. De plus, quand on redescend dans la plaine c'est pour escalader les rizières ou prendre des bains de pieds dans les arroyos à moins de les traverser sur une poutre plus ou moins branlante.

Mon personnel domestique s'est augmenté d'un jeune Annamite ou boy nommé Lam qui me servira dans la marche pour porter ma sacoche, ma capote et qui maintenant lave mon linge et aide mon ordonnance.

Fais toutes mes amitiés à la famille Siben ; j'écrirai à Ernest dans quelques jours. Mes amitiés également à la famille Leblanc et aux jeunes mariés.

Embrasse bien fort pour moi Maman et Jeanne comme je t'embrasse moi-même de tout mon cœur. Petit Mick va-t-il toujours bien, qu'il n'envie pas le sort de ses confrères du Tonkin qui sont très laids et qui de plus sont très appréciés par leurs propriétaires au point de vue culinaire.

Je vous envoie une bonne provision de mes meilleurs baisers.

Emile.

Pagode de Kepp-Ha, 23 Janvier 1885.

Mon cher Alfred.

Je voulais t'écrire dès mon arrivée au Tonkin, mais les déplacements que nous avons faits jusqu'ici m'en ont empêché et je profite d'une journée de repos pour t'envoyer quelques mots. Je tiens avant tout à te remercier pour les excellentes recommandations dont tu m'as fait accompagner ici. A mon arrivée à Haï-phong, je suis allé voir le Colonel Giovaninelli qui m'a très-bien reçu et avec lequel j'ai pu faire plus ample connaissance; car le lendemain il est parti sur la même canonnière que moi, ce qui nous a permis de passer près de deux journées ensemble. Je suis allé ainsi directement au fort de Chiû situé sur le Loc-Nam à l'entrée des montagnes qui nous séparent de Dong-Song et de Lang-Son. C'est là probablement le point de départ d'une colonne dont le 111e fait partie jusqu'ici et qui ira à Lang-Son par l'Est pendant que l'autre avec le Général de Négrier irait directement par Bac-Lé. Tout ceci n'est que supposition car nous ne savons rien de précis pour les projets futurs. Nous nous bornons maintenant à couvrir une compagnie de 400 coolies qui font une route destinée au ravitaillement d'un poste avancé placé à Mui-Bop où a eu lieu un combat dernièrement.

Nous n'avons donc fait jusqu'ici que peu de chemin ; la marche est cependant un peu fatigante ; il n'y a en effet en général qu'un mauvais sentier laissé libre pour l'Artillerie et nous marchons sur le côté par Sections, par le flanc à distance de 20 à 30^{m} à hauteur les uns des autres. Comme ce ne sont partout que rizières, on est obligé d'escalader ou de descendre tous les 20 ou 30 pas des marches qui ont 50 cent. de hauteur. La température est très douce, le temps un peu pluvieux mais il faut toujours porter le casque malgré les nuages qui nous cachent le soleil.

Les conseils du Colonel Guerrier étaient très-bons ; les moyens de transport ne sont cependant pas bien considérables, on ne peut prendre qu'une cantine de France par Cie. Quant au lit on ne peut songer à l'emporter en colonne; je prends avec moi une petite valise renfermant du linge, une couverture et une capote de drap; c'est bien suffisant, du moins maintenant car nous avons couché jusqu'ici dans des pagodes ou des villages et les lits s'ils n'existent pas déjà, s'improvisent rapidement au moyen de bambous. Ce qu'on peut tirer du pays comme nourriture consiste en poulets, œufs, bœuf et porc puis dans quelques endroits des pommes de terre. Nous avons notre ration de campagne et nous achetons des boîtes de conserves aux marchands qui s'installent près de nos campements. Quelques officiers en font venir d'Hanoï, ce qui est praticable quand on est en station. D'autres même, comme le Colonel Giovaninelli, de France, ce qui n'est possible pour nous qu'en été en garnison. Quant à l'eau elle n'est pas bonne en général, mais le filtre est trop encombrant en colonne; j'ai laissé le mien par force majeure au dépôt de Chiù; ce qui est meilleur et plus pratique est de se condamner à boire de l'eau de thé légère avec le vin pendant le repas. C'est là le régime adopté par le Général Brière de l'Isle à Hanoï. En ce moment comme nous sommes en place pour quelques jours, nous

faisons venir de Chiù quelques bouteilles de St Galmier qui se vendent très cher il est vrai (1f 75) mais on peut, en station, en prendre des caisses à Hanoï ce qui est moins ruineux).
J'insiste sur tous ces détails par ce que je ne sais où tu es depuis le changement du Ministère et comme tu désirais venir au Tonkin, ils pourraient te servir le cas échéant.

A mon arrivée à Chiù, j'ai été présenté au Général de Négrier et au Lt Colonel Herbinger; ce dernier m'a chargé de le rappeler à ton souvenir quand je t'écrirais, je m'acquitte ici de la commission. Mes supérieurs sont tous très-sympathiques, mon Capitaine a gagné ici son troisième galon et la croix de sorte que son humeur n'a pas de raison pour avoir de ces inégalités quelquefois désagréables.

Je ne t'ai pas encore parlé du pays et à tort ; car il est splendide, tout est cultivé, presque partout du riz et près de quelques villages de la salade ; des pommes de terre, des carottes. D'Haïphong à Chüi la rive est bordée de villages entourés de bambous qui forment une barrière impénétrable. A 200^{m} de chaque village se trouve la pagode entourée d'arbres. La population est très-dense car les hameaux sont rarement distants de plus de 800^{m} l'un de l'autre. Dans la montagne, nous allons trouver naturellement une population plus clair semée et partant moins de vivres. La dernière affaire du 6 Janvier avait pour but d'empêcher les Chinois de se ravitailler de riz dans la plaine et ils sont maintenant obligés de le faire venir de Chine ou de l'Ouest du Tonkin. Nous allons évidemment éprouver des difficultés de même nature, aussi la question des vivres est-elle l'obstacle principal pour la marche en avant; on fait force provisions à Chù et comme je te le disais plus haut nous nous bornons à faire une route le plus loin possible pour faciliter les transports.

Nous n'avons encore vu ombre de Chinois ils ont dû se replier sur Dong-Song ou Long-Son, mais nous n'avons aucun renseignement précis sur leur position et leurs projets. Nous allons faire quelques reconnaissances plus avancées qui vont certainement nous fixer sur ces deux points.

La population nous est assez sympathique mais en même temps fort craintive ; elle se trouve en effet entre l'enclume et le marteau. Occupons-nous un village, les abus arrivent forcément de la part des soldats qui commettent quelques excès réprimés énergiquement mais inévitables. Les Chinois reviennent-ils, ce sont des razzias et même des Annamites enlevés de force ou tués. Néanmoins, ils ont encore des avantages avec nous ; si nous enlevons leurs poulets et leurs porcs, nous les payons; si nous réquisitionnons des travailleurs, nous leur donnons une indemnité; aussi avons-nous des renseignements sur l'ennemi par les maires Annamites. Il y a par Compagnie de 6 à 8 coolies dont 2 pour les brancards, 2 pour la cantine des officiers, 2 pour la cantine à vivres, de plus 2 ou 3 petits boys pour chercher des provisions. En outre le Tonkin nous a fourni, comme tu le sais deux régiments de tirailleurs. Ce sont des petits soldats, pas très-robustes, mais qui se plient facilement à la discipline. Ils ont une tenue très-originale, rouge et noir qui les fait ressembler de loin aux brigands de Fra-Diavolo.

On les utilise comme surveillants de coolies et éclaireurs; ils se glissent dans les herbes pieds nus et forment de bonnes patrouilles; il y a trop peu de temps qu'ils ont échappé à la domination chinoise pour ne pas en sentir encore l'influence; aussi la terreur qu'ils éprouvent leur fait-elle facilement tourner les talons dans le combat. Peu à peu cette influence disparaîtra et ils seront plus tard au Tonkin, comme ils sont déjà en Cochinchine, d'un secours très-utile en particulier pour l'occupation des postes insalubres.

Nous sommes arrivés, comme tu me le disais avant mon départ dans de bonnes conditions au Tonkin:

Le bataillon y était depuis un an, tout est installé, les conseils y abondent et sont sûrs. Les popottes sont bien organisées et les soldats acclimatés. En dehors du bataillon, les services fonctionnent bien ; on a substitué l'Intendance au Commissariat de la marine et nous y trouvons notre compte, le Sous-Intendant étant actif et intelligent. Les ravitaillements se font au moyen de petits chariots légers traînés par des bœufs ; comme autres produits vivants du pays, je dois ajouter les petits chevaux annamites, grands comme de gros poneys, mais robustes et résistants. Ils passent partout, se nourrissent de padi (riz non décortiqué) et se montent facilement.

Les Chasseurs d'Afrique seuls ont des chevaux français ou arabes ; ils nous font l'effet d'Arabes montés sur leurs chameaux.

Je te renouvelle avant de terminer ma lettre tous mes remerciements pour tes recommandations et je t'envoie ainsi qu'à Edouard junior une affectueuse poignée de main.

Pour ma nomination au grade de Lieutenant fais-moi si c'est possible maintenir au 111e comme détaché du 113e. Il y aura je crois une place vacante au 118e, et au 111e il y a des Lieutenants détachés pour emplois spéciaux. Si ce n'est pas possible, fais pour le mieux, mais pas de bataillon d'infanterie légère d'Afrique ce que j'ai vu des individus qui les composent pendant la traversée m'a suffi.

Tout à toi de tout cœur.

E. Portier.

Je ne t'ai pas parlé de l'esprit des hommes, nous avons des petits soldats d'un moral excellent qui n'ont besoin que d'être retenus.

Pagode de Kepp-Ha,
le 2 Février 1885.

Ma chère mère chérie:

J'ai reçu ce matin la lettre (N.° 9) avec un mandat, mais celle par voie Anglaise ne m'est pas encore parvenue, ce n'est probablement qu'un retard de la poste, à la fin de Février je toucherai une somme assez forte, les appointements se montent à 390.f par mois ce qui me permettra de faire de notables économies et de les employer plus tard à des achats, tu n'as donc aucune inquiétude à avoir de ce côté: J'ai reçu aussi la lettre de Jeanne du 19 Décembre (N.° 8) il n'y a donc que la lettre N° 7 qui ne soit pas parvenue jusqu'ici.

Je suis toujours dans la pagode de Kepp-Ba, mais depuis quelques jours tout se prépare à un grand mouvement. Le Général Brière de l'Isle est venu d'Hanoï ici, le Général de Négrier nous a rejoints et dans peu de jours, peut-être demain nous allons nous mettre en marche vers la terre promise, c'est-à-dire vers Lang-Son. Le temps est loin d'être chaud nous voyons fort peu le soleil; il pleut ou brume depuis deux jours; mais pour la marche ce sont de meilleures conditions qu'une forte chaleur. Quel chemin allons-nous prendre, nous l'ignorons encore, le plus grand mystère régnant à l'État-Major sur les opérations futures. Nos bagages sont prêts et nos cantines à vivres remplies, chaque soldat emporte avec lui 6 jours de vivres, tout semble donc indiquer une action rapide.

Dong-Song, 7 Février.

Je ne m'étais pas trompé dans mes prévisions ; ma lettre a été interrompue et je ne puis la reprendre que 5 jours après c'est-à-dire à quelques Kilomètres de Kepp-Ha, l'ordre de départ nous est arrivé à 10 h. du soir. Le 3 Février au matin, nous quittions notre pagode et les deux brigades se mettaient en mouvement, la 1ère commandée par le Colonel Giovaninelli la 2e commandée par le Général de Négrier et comprenant le 111e, le 143e, le 23e plus la légion étrangère et 2 batteries dont une commandée par le Capitaine de Saxcé. Nous sommes partis à 7 h. du matin en nous dirigeant vers le col de Ki-Kong et le col de Deo-Van. A 5 h. du soir, nous nous sommes installés sur des hauteurs au delà de ce col, voyant de loin 3 forts et 4 camps chinois avec drapeaux rouges et drapeaux noirs sur les crêtes. En avant étaient placés des petits postes chinois ; la marche avait été longue et assez dure, car à partir du col de Ki-Kong, nous avons gravi une série de mamelons aux pentes assez abruptes ; de plus, la pluie est tombée presque toute la journée et le terrain était très glissant. Le soir ma compagnie était de grand-garde, défense de faire du feu; nos convois étaient déjà loin en arrière donc pas de lit; nous avons dormi tant bien que mal enveloppés dans notre capote entremêlant notre sommeil de quelques promenades pour nous réchauffer les pieds et observer les postes opposés.

Le 1er Février à 5 h. du matin nous étions debout, heureux de voir finir cette longue nuit; à midi la 2e brigade marchant comme la veille en avant-garde, se mettait en mouvement, les coups de fusil se font entendre, on avance lentement et avec précaution; le plan du général est de s'emparer d'un fort situé sur notre droite et qui commande la vallée; nous recommençons notre série d'ascensions entremêlées de traversées d'arroyos dans les bas fonds et par suite de bains de pieds; l'artillerie canonne les forts, nous avançons rapidement, mais au prix de quelles montées et de quelles descentes; mon bataillon occupe enfin un des mamelons près du fort, on dépose les sacs et nous descendons rapidement pour appuyer la légion qui attaque le grand fort de droite après avoir fait évacuer un camp en avant, nous gravissons lentement la pente mais quand nous arrivons, le fort canonné depuis 2 heures vient d'être pris et nous nous installons sur la hauteur. Ce ne sont plus 5 forts que nous voyons mais 40 que j'ai comptés un à un ; la plaine était hérissée de mamelons, chacun couronné de retranchements. Nous voyons les Chinois évacuer rapidement ceux que nous menaçons ; démolissant rapidement leurs tentes ; malheureusement la nuit arrive et le combat cesse de notre côté ; il n'en est pas de même à gauche de la vallée où une compagnie de la légion est arrêtée par un fort dont elle ne s'empare qu'après 11 heures du soir après de fortes pertes. Ce n'est heureusement qu'un cas particulier dû à l'imprudence du Capitaine qui a voulu s'emparer du fort avant son bombardement par l'Artillerie. Mon bataillon n'a pas donné dans la journée; nous n'en sommes pas moins excités; mais la journée n'est pas finie, il faut aller rechercher les sacs, je pars avec la compagnie à 6 h. par une nuit noire et il faut chercher un chemin dans les herbes pour redescendre, traverser l'arroyo et remonter, nous arrivons à 9 h. repartons à 9 h. et demie et ne sommes de retour qu'à 1 heure du matin, les soldats épuisés se couchant après chaque ascension.

En arrivant nous couchons par terre, comme la veille, arrosés comme la veille toute la nuit. Aussi c'est une nuit peu brillante.

Le 5 Février un brouillard épais nous entoure au réveil; tout le monde est fatigué et cependant tous s'impatientent contre cette brume si propice aux Chinois, nos provisions sont épuisées, nous déjeûnons avec un biscuit, une sardine et de l'eau quand nous voyons surgir le boy de la compagnie, Sao, avec pain, vin, conserves etc...., comment a-t-il pu passer au milieu de toutes les troupes sans être dévalisé, c'est un hasard providentiel que nous bénissons en nous réconfortant comme des affamés. A 1 heure le brouillard se dissipe, le canon tonne de nouveau, nous dégringolons (le terme descendre serait impropre) dans la plaine, nouveaux mamelons, nouveaux arroyos ; le feu cesse à la nuit et on nous envoie coucher dans un fort qui vient d'être pris, quelle nuit excellente nous avons passée dans une tente chinoise; je ne me souviens pas d'avoir passé une meilleure nuit. Nous étions si bien, quoique couchant sur la paille et cependant à 7 h. du matin nous repartons le lendemain; nous n'étions arrivés dans le fort qu'à 8 heures du soir, mais le lendemain au jour, nous voyons une nouvelle série de forts; heureusement les Chinois les ont évacués pendant la nuit et nous continuons notre route sur Dong-Song à 10 h. du matin, les Chinois nous arrêtent à un passage pendant quelque temps, nous les repoussons, mon bataillon a 4 hommes blessés dans un bas-fond, tous sans gravité, nous débouchons enfin de Dong-Song où nous installons notre bivouac, la 1re brigade nous dépasse et poursuit les Chinois; nous sommes au repos ici depuis hier et nous ne repartirons que demain soir ou après-demain matin, les vivres transportés par les troupes sont épuisés et nous ne serons ravitaillés que demain soir. C'est cette question de ravitaillement qui nous arrête aujourd'hui comme elle nous arrêtera plus tard; il n'y a pas de routes et les petits chevaux du pays et les coolies qui seuls peuvent suivre les sentiers n'avancent que lentement et transportent peu de vivres. Sans cet arrêt, notre arrivée à Langson serait certainement avancée de quelques jours, les Chinois étant en déroute. Les résultats obtenus dans ces trois journées nous permettent néanmoins d'espérer que notre prochain arrêt ne se fera que dans Langson même. Le nombre des forts enlevés aux Chinois n'est pas moindre de 75, tous bien installés, commandant les principaux débouchés, avec meurtrières, créneaux, abris, souterrains, réunissant en un mot les premières conditions; il est certain et indiscutable que des Européens ont dû les diriger et les aider dans ces travaux vraiment formidables. Heureusement pour nous, nous avons une Artillerie excellente qui de plus peut s'installer près de l'ennemi sans inquiétude; aussi ces forts que nous ne pensions enlever qu'au prix de fortes pertes, sont-ils évacués après quelques coups d'obus. L'artillerie nous est non-seulement utile, elle nous indispensable. Nos pertes s'élèvent, dit-on, à 120 blessés pour les 3 journées. Quant à celles des Chinois nous ne pouvons en avoir aucune idée. Aujourd'hui nos convois nous ont rejoints, nous mangeons copieusement... pour l'avenir. Je ne t'ai rien dit de moi personnellement; je suis toujours très-bien portant, tout fonctionne bien; la fatigue a été grande mais je l'ai toujours bien supportée et mes nuits passées dehors à la pluie ne m'ont pas incommodé un seul instant.

Avec notre colonne marche un correspondant du Temps; tu ne manqueras donc pas d'avoir des renseignements précis sur notre marche et nos événements. Je viens encore de retrouver une ancienne connaissance, le docteur Driou, qui commande l'ambulance et qui vient du 113e.

Mon installation est la suivante: avec le convoi j'ai mon lit, une valise renfermant les effets indispensables pour changer complètement, ma capote en drap et ma couverture de voyage. Dans ma sacoche que je porte toujours sur moi, j'ai des chaussettes, des mouchoirs et un gilet de flanelle.

Aujourd'hui, comme il y a 3

semaines, je crois, je te répète la même chose ; l'existence en campagne est fatigante par moments, le biscuit et l'eau semblent un peu fades, la saleté dans laquelle on est quelquefois obligé de vivre est parfois rebutante ; mais on n'en apprécie que mieux le peu de bien-être qu'il soit possible de demander. Aussi cette vie agitée, mouvementée, remplie d'imprévu me plaît-elle beaucoup et le seul revers de la médaille est mon éloignement de vous et l'inquiétude que ces événements ont dû vous causer ; je ne puis songer à user du télégramme en ce moment et je le regrette bien, quelques officiers ayant été blessés. Je remets cette lettre au vaguemestre immédiatement de crainte de départ, je vous enverrai un autre mot si j'ai le temps avant de quitter Dong-Song.

Je t'embrasse de tout mon meilleur cœur ainsi que Marguerite et Jeanne.

Emile.

Pas de croquis aujourd'hui, mais j'espère vous envoyer la prochaine fois celui de Langson.

Langson, le 15 Février 1885.

Ma chère mère chérie.

Nous sommes à Langson depuis avant-hier 13 Février et j'y ai fait mon entrée sain et sauf ; il y a deux jours que nous sommes ici et cependant je ne t'écris qu'aujourd'hui car nos communications postales ne seront rétablies que demain ; si les lettres partent si tard, il y a encore plus à dire pour le télégraphe dont l'emploi est complètement interdit ; on n'a ici que le télégraphe optique et l'Etat-major du Général Brière de l'Isle n'en dispose que pour des objets exclusivement militaires, je ne sais comment faire car je ne puis même envoyer de mandat par la poste ou télégraphe de Chiu puisqu'il n'y a pas d'employé du trésor. Je reprends ici le compte-rendu de mon temps depuis ma dernière lettre datée du 9 Février et de Dong-Song sur laquelle j'ai oublié, je crois de mettre le N° 19. Le 9 Février, nous restons dans nos tentes pendant que la 1ère Brigade continue sa marche en avant; nous entendons en effet quelques coups de canon dans le lointain. Ce combat se renouvelle le lendemain, car à 4 heures du soir on nous fait tout plier pour être prêts à partir. Ce n'est qu'une fausse alerte et on déploie les tentes de nouveau à 7h. du soir. Ce même soir voit la fin de notre pain et de notre vin que nous remplaçons encore maintenant par du thé arrosé de tafia et du biscuit.

Le 10 Février, départ à 7h. ma brigade marche en arrière en remontant la vallée du Song-Thuong; nous voyons de nombreux débris sur la route qui nous montrent la rapidité avec laquelle les Chinois se sont repliés. A 5 heures, halte; ma compagnie s'établit en grand garde en arrière sur un mamelon élevé et presque à pic. La pluie tombe par moments, la brume nous entoure, défense de faire du feu, de dresser les tentes; aussi c'est une nuit longue à passer ; heureusement j'ai ma capote de drap qui me protège contre l'humidité ; aussi est-ce avec plaisir que je vois apparaître le jour. Ma brigade reprend la tête dans la matinée du 11, à 10 h. nous arrivons sans encombre au col de Deo-Vin qui sépare la vallée du Song-Thuong de celle de Son-Ki-Kong et nous débouchons dans le versant de la Chine. A 11 heures des coups de fusil nous annoncent la présence de Chinois. Nous nous déployons en tirailleurs pour gravir un mamelon, mais l'ennemi l'a abandonné et je reste avec un peloton sur cette hauteur, le reste de la compagnie sur un autre mamelon à gauche. Pendant ce temps, la marche en avant continue et je commence à me morfondre en entendant le 111e commencer la fusillade, heureusement le Général de Négrier venant de mon côté étudier la situation, trouve mon peloton inutile et me fait rejoindre le bataillon au grand désespoir du Lieutenant qui commande l'autre peloton et qui est condamné à rester sur place pendant le reste de la journée. Je vais d'abord m'installer à côté de la batterie d'artillerie où les balles sifflent agréablement mais nous n'avons pas de blessés. Les Chinois nous entourent de face et sur le côté droit garnissant les crêtes de drapeaux et nous envoyant de bons feux. A 4 h. arrive le Général de Négr qui assigne comme domicile pour la nuit un mamelon à 800^{m} en avant et sur lequel flottent encore 3 pavillons. Il nous donne l'ordre d'aller y coucher de la manière la plus naturelle du monde et nous y allons avec entrain : 2 compagnies du 111e et mon peloton. A 300^{m} les Chinois nous accueillent avec un bon feu ; on franchit un arroyo rapidement, l'eau jusqu'à la ceinture ; les clairons sonnent la charge et nous montons à l'assaut ; les Chinois se retirent mais à peine sur la hauteur nous recevons des balles de tous côtés, on est entouré de fumée, la situation semble un peu critique. On continue à tirer pendant 10 minutes, puis les Chinois cessent leur feu, la nuit arrive et nous nous reformons en ordre, nous avons eu 14 blessés dont un officier très-légèrement atteint à l'épaule. J'ai reçu mon baptême du feu, le Colonel Herbinger, qui nous accompagnait, me dit au milieu de la fusillade ; vous êtes bien servi pour la première fois ; vous pourrez dire que je vous ai offert un baptême de premier ordre.

Heureusement pour moi, les hommes de ma compagnie n'ont pu faire cuire de viande depuis deux jours et il est nécessaire qu'ils fassent du feu le soir même sous peine de vivre de l'air du temps ; le commandant accueille donc favorablement ma requête et m'envoie près de l'arroyo dans un petit village pour protéger l'ambulance qui doit y être installée. C'est une position trop en avant pour avoir déjà été fouillée par les nôtres aussi en y faisant une perquisition pour notre sécurité, nous faisons main-basse sur poulets, canards, porcs, chèvres. Je me sèche devant un grand feu, je dîne avec mes sous-officiers d'un succulent canard et d'un immense plat de riz et nous passons une nuit excellente enfouis dans la paille.

Le lendemain, la brigade repasse en seconde ligne; le Colonel Giovaninelli est engagé de bonne heure avec sa première brigade, nous restons en arrière mais les balles n'en sifflent pas moins aux oreilles ; cette position d'attente est certainement la plus énervante qu'on puisse imaginer, c'est ainsi que nous voyons un officier d'ordonnance du Général Brière de l'Isle (Bossand) recevoir une balle près de nous et mourir sur le coup. Peu d'instants après, un officier d'artillerie a le pied traversé ; les Chinois nous opposent une résistance énergique quoique sans fortifications, les turcos qui sont en avant sont très-éprouvés, la route est coupée par des arroyos, le pays est touffu. La marche en avant suspendue un moment ne peut être reprise qu'en menaçant la droite de l'ennemi.

On entend les trompettes des Chinois qui font cesser le feu, on n'a plus d'obstacles devant soi, mais nous croisons bien des morts et des blessés; c'est là un spectacle douloureux mais dont l'impression passe vite en voyant les nombreux Chinois couchés dans la rizière. A huit heures du soir, on nous assigne un endroit pour camper et la pluie qui est encore de la partie nous rend le sommeil difficile malgré la fatigue.

Le 12 Février, mon bataillon ferme la marche de la colonne; on entend quelques coups de canon puis plus rien; les Chinois auraient-ils évacués Langson; nous sortons enfin des montagnes après avoir suivi une route très tourmentée, tous poussent un soupir de satisfaction en arrivant dans la plaine. De loin, nous voyons le pavillon tricolore flotter sur la porte de la citadelle de Langson; c'est bien en effet ce fameux Langson occupé déjà par la 1ère brigade sans coup férir. C'est avec un vif plaisir, comme tu le penses que nous passons sous la porte. La colonne a été pénible et fatigante et nous avons devant nous quelques jours de repos. Nous apprenons alors les faits et gestes des Chinois; s'ils ont résisté avec cette opiniâtreté remarquable dans la dernière journée, c'était pour couvrir leur retraite, la nuit seule nous avait empêchés la veille de culbuter leur convoi composé d'éléphants et de 700 mulets. Ils ont battu en retraite précipitamment laissant dans les forts de Langson des approvisionnements en riz, des canons, des munitions et ont probablement repassé la frontière.

La 1ère brigade est partie ce matin par la route de Bac-Lé, la mienne reste ici pour organiser les routes, les forts et surtout les approvisionnements. Nous n'avons plus de biscuit ni de café, heureusement les villages environnants nous ont fourni de poules, de porcs et de riz, mais tout ceci ne remplace pas un

morceau de pain et un verre de vin.
Des convois sont annoncés pour demain, mais les routes sont difficil
et bien des mulets et des chevaux roulent dans les ravins avec leur charge.

J'ai fait une petite promen de dans les forts avec mon ordonnan je n'ai rien trouvé de curieux, peut être serai-je plus heureux plus tard. Quant aux motifs de dessin, j'ai de quoi m'occuper, mais depuis notre arrivée il fait un froid humide pén trant, qui nous force à faire du feu et empêche toute station en plein air.

On vient de faire des états d propositions pour les dernières affaires; je suis proposé pour Lieutenan et je serai nommé immédiatement quand ces états arriveront en France. J'espère toujours être nommé dans un des bataillons de France qui sont ici, ce qui m'assurera le retour près de vous le plus tôt possible ; si Alfred est encore près du soleil ministériel, il pourra me faire donner un coup de main.

Nous ne savons rien pour l'avenir ; le gouvernement va-t-il profiter des derniers succès pour faire une tentative de médiation ? Les Chinois voudront-ils traiter ou devrons-nous faire une autre colonne sur Cao-Bang ou Lao-Kai ? Personne ne sait rien et vous serez certainement renseignés mieux et plus tôt que moi à ce sujet. Notre espoir se borne maintenant à l'arrivée de marchands bien pourvus qui remontent nos provisions et nous donnent au moins vin et tabac.

La température est comme je te le disais excessivement froide et si ma lettre est si mal écrite c'est que j'ai les doigts gelés malgré un brasero établi au milieu de notre cania.

Ma santé est toujours très-bonne et je ne me ressens pas des fatigues de ces derniers jours.

Je ne tarderai pas à vous écrire une autre lettre qui vous donnera des renseignements sur notre installation définitive. Je t'embrasse de tout mon cœur ma bonne petite mère, en envoyant à Marguerite et à Jeanne de bons baisers. J'ai vu ici bien des toutous mais tous bien laids, aussi dis à Mick combien je comprends qu'un si gentil petit chien soit aussi gâté et aussi exigeant....

Je t'embrasse encore une fois de mon meilleur cœur.

Emile.

Amitiés à tous.

Citadelle de Langson, 20 Février 1885.

Mon cher Oncle.

Je n'ai pas l'intention en venant te parler du Tonkin de te faire des descriptions ravissantes au point d'entrainer ma tante à faire ce petit voyage, ma plume et mon éloquence n'y suffiraient pas, mais combien je regrette de ne pas avoir ton coup de crayon, les sujets abondent, habitants, habitations, montagnes, etc...., c'est à chaque pas un nouveau sujet qui ne peut être rendu qu'imparfaitement à la mine de plomb, mais qui comme coloris ferait le bonheur de bien des peintres et le tien en particulier.

Je n'insiste pas sur mon voyage même dont les points de relâche ont été décrits mainte et mainte fois et qui permet de jeter un coup d'œil rapide sur les diverses races : à Alger, ce sont les Arabes montés sur leurs petits bourriquets, magnifiques dans leurs guenilles mais dont la civilisation a fait des marchands de cigares et de pipes, à Port Saïd, à Suez, on retrouve l'Arabe dans toute sa pureté, mais mêlé encore ici à l'Égyptien, en marchand de berlingots, docile caniche de l'Anglais, qui, lui donnant un semblant d'autorité au dehors, le corrige vertement dans la niche s'il ne s'est montré gentil et doux serviteur de la blonde Albion. Le pavillon Anglais nous suit partout depuis Port-Saïd, le canal en est rempli, il nous vaut une quarantaine de trois jours à l'entrée du canal et une mauvaise volonté manifeste de la part des autorités égyptiennes. La traversée du canal dure deux jours; la physionomie nouvelle du pays nous dédommage de la lenteur de la marche: c'est le désert et ses caravanes, ce sont d'immenses lacs couverts d'une nuée d'oiseaux; pélicans, ibis, canards. A Suez, Mr de Lesseps vient à bord d'un petit vapeur nous dire un dernier adieu et nous voguons sur la mer Rouge dont la température

est heureusement assez clémente.
Nouveau spectacle à Aden : la race nègre des Somalis s'y montre dans toute sa splendeur ; tous beaux gaillards et d'une physionomie peu rassurante. La vue de ces nègres, drapés de blanc, supportant avec peine le joug des Anglais, rappelle les voyages des explorateurs du Nil et explique plus que tous les livres les difficultés qu'ils ont eues à surmonter. Encore les Anglais à Singapour, mêlés cette fois aux Chinois. Singapour, la ville cosmopolite où se coudoient l'Indien, le Chinois, le Japonais et l'Européen. A Saïgon enfin, nous retrouvons la terre française où domine encore l'élément chinois qui s'est emparé de

tout le commerce, 15 jours de séjour à Saïgon, 8 jours de mer et nous voyons cette terre du Tonkin attendue depuis 55 jours.

A peine arrivé je suis envoyé en première ligne et en plein cœur du Tonkin. On se préparait pour la colonne de Langson, tous les jours travaux de route, reconnaissances, grand'gardes, la vie était agitée, la température agréable, la nourriture abondante mais tout a changé depuis le départ de la colonne, nuits froides, pluie ou brume continuelles, plus de pain, puis plus de vin. Tu dois comprendre avec quelle impatience j'attendais le moment où commenceraient les opérations, j'ai été servi à souhait : combat de 3 jours à Dong-Song qui fait tomber entre nos mains 75 forts chinois, bien établis sur des hauteurs aux pentes abruptes avec casemates, abris sous terre, larges fossés et derrière ces retranchements des Chinois armés non de piques mais de fusils modernes, même de fusils à répétition.

Heureusement l'artillerie envoie quelques obus avant nous ; sans la précision remarquable de nos pièces, nos pertes auraient été énormes et notre colonne impossible. Deux jours d'arrêt pour attendre les vivres, puis trois jours de combat dans lesquels j'ai le bonheur de recevoir le baptême du feu sans une égratignure ; sur les deux compagnies qui ont pris part à l'attaque de ce mamelon, nous avons 15 blessés. Le lendemain, nouveau combat dans lequel les tirailleurs algériens ont 7 officiers blessés et une centaine d'hommes blessés ou tués. Les Chinois ont tenu avec ténacité et n'ont cédé la place qu'en laissant nombre de tués. Le 13, nous sortons enfin des montagnes et débouchons en face de Langson qui vient d'être évacué par l'ennemi. Les Chinois ont battu en retraite laissant entre nos mains des fusils, des canons (Krupps et mitrailleuses) et un approvisionnement énorme de riz et de munitions.

Nous nous installons ici depuis huit jours ; tour à tour charpentiers, maçons, menuisiers, nous nous sommes fait une installation convenable; notre basse-cour renferme 2 coqs, 3 poules et 30 petits poussins, c'est donc presque l'abondance après ces repas composés de sardines et de biscuits; il y a 1 mois, après le pain a disparu également le biscuit, plus de vin; le fond de la nourriture est le riz et l'eau de thé, plus de café. Heureusement la route s'améliore de jour en jour et dans peu de temps, j'espère, nous pourrons manger un morceau de pain; quant au vin, on n'ose y penser. Tout n'est pas rose à la guerre, mais on en prend gaiment son parti et les privations ne servent qu'à faire apprécier davantage le peu de bien être que la vie de campagne peut procurer.

Ma santé est toujours bonne et cette vie pleine d'imprévu me plaît beaucoup. L'éloignement, le manque de nouvelles sont les seuls mauvais côtés.

Je t'embrasse de tout mon cœur ainsi que ma tante qui frémirait au seul récit de certains petits incidents de campagne dont, en bon neveu, je lui épargne le récit. Fais mes amitiés à M.M. Sauvageot, Érifard, de Thélin, Renard, Martin, etc... Dis leur que j'envie leur coin de feu et que sur cette terre, qui dans deux mois sera grillée par un soleil tropical, un bon poêle Choubersky y serait appréciable par certaines nuits en plein air, dans la boue et sous la pluie.

Je n'oublie pas ta commission, mais je ne pourrai avoir d'objets intéressants et dignes d'être envoyés qu'à Hanoï même.

Emile.

Citadelle de Langson, le 21 Février 85.

Mon cher Henri.

Il y a bien longtemps que je dois t'écrire mais la vie de campagne laisse peu de loisirs; depuis 8 jours nous sommes à Langson; depuis 8 jours, nous coupons, taillons, pétrissons pour convertir des masures à claire-voie en demeures à peu près closes et moins froides. Ce dernier mot doit t'étonner et pourtant, il est vrai; les deux extrêmes se touchent ici, le temps est-il couvert, il pleut ou bruine continuellement, la température est glaciale; les nuages se dissipent ils, et c'est aujourd'hui le premier jour depuis mon séjour ici, défense de sortir sans casque sous peine de maux de tête violents. Dans tous ces travaux que je ne me permettrai pas de traiter d'architecture la nature nous aide puissamment avec les bambous qui, servant tour à tour de piliers ou de lianes flexibles, permettent de dresser en un clin d'œil cabane, tables, lits, bancs sans marteau, sans clous. Toutes ces constructions ne paraîtraient qu'une affreuse niche à chiens, ou à porcs plutôt, à côté de ton château et cependant quelle satisfaction, quel bien être après ces longues nuits passées dans la boue, en plein air, arrosé par la pluie et n'ayant pour tout dîner qu'un morceau de biscuit, une sardine et un peu d'eau. Est-ce à dire que nouveaux Lucullus, nous fassions maintenant matin et soir des repas pantagruéliques, non, non; dans les derniers jours qui viennent de s'écouler, le biscuit, qui remplaçait le pain depuis longtemps, a été remplacé à son tour par le riz; le café a disparu; quant au vin, on ne l'a plus vu depuis si longtemps qu'on en a oublié le goût et la couleur; les bœufs sont efflanqués et la vue seule du marteau suffit pour les achever. De quoi nous nourrissons-nous? de poules, canards, porcs. Mais l'eau de thé remplace bien difficilement le vin de Bordeaux et le souvenir de la cave me remplit d'émotions. Dans ce dénûment, il n'y a rien à reprocher à l'administration ; des approvisionnements de toute sorte avaient été accumulés à notre extrême station mais notre marche a été si rapide eu égard aux difficultés de terrain, le chemin si mauvais, traversant des ravins à pic coupant des rizières, que cette distance de 90 Kilomètres qui nous sépare de notre grenier ne peut être franchie qu'à grande peine, les voitures sont impraticables, les mulets roulent de temps à autre dans les ravins de sorte qu'on en est réduit à former d'immenses colonnes de coolies marchant lentement. La terre est détrempée, le sol formé presque exclusivement d'argile. On travaille maintenant à l'amélioration des voies de communication; mais nous n'aurons pas de ligne de ravitaillement bien assurée avant un mois. Si la Chine est un pays charmant, comme dit la chanson, il n'en est pas de même du Tonkin pour le moment. Deviendra-t-il si charmant? je ne le crois pas; les huit mois d'été sont trop durs pour en faire un Éden enchanteur, mais c'est un pays peuplé, productif et qui, bien cultivé peut faire une riche colonie de beaucoup supérieure à la Cochinchine: Population très dense dans le delta très-souple se ressentant encore des liens récents de la domination chinoise; mais ce sont des défauts qui tendent à disparaître complètement et nos petits tirailleurs Tonkinois auxquels on ne peut songer à demander le patriotisme de nos soldats se conduisent vaillamment au feu. L'œuvre de colonisation se fera donc rapidement après la période de conquête et celle-ci vient de faire un bon pas par notre entrée à Langson ; la colonne a été pénible, continuellement des ascensions sur des mamelons aux pentes rapides, traversée de ruisseaux, l'eau quelquefois jusqu'à la ceinture, terrain si glissant que je n'ai pas passé de journée sans m'allonger deux ou trois fois sur le sol, pour nourriture, déjeuner et dîner .... et pour repos, des nuits brumeuses et froides, dans la boue avec défense de faire du feu. Comme compensation l'émotion de la lutte et du combat quand on poursuit les Chinois on a oublié ses fatigues et je n'ai jamais été si heureux depuis mon arrivée que quand j'ai reçu le baptême du feu. Sur 2 compagnies et demie engagées à ce moment nous avons eu 1 officier blessé et 15 hommes blessés, ce qui prouve que les Chinois nous ont bien résisté. Ce ne sont plus d'ailleurs ces pirates armés de piques qu'on a combattus si facilement au début de la campagne mais à de réguliers Chinois armés de fusils Martiny, Remington, Mauser et même de fusils à répétition comme les grandes puissances européennes et pourvus en outre de canons Krupp et de mitrailleuses. Ajoute à cela qu'ils sont 40 à 50.000 et nous 8000 et qu'au défilé de Dangson nous avons pris 75 forts avec créneaux, meurtrières, casemates et haies de bambous. Nous avions heureusement deux facteurs importants avec nous, notre artillerie qui rendait la position presque intenable et qui par son absence aurait rendu notre colonne absolument impossible, d'autre part la crainte d'être coupés de leur retraite qui les fait évacuer leurs forts au moindre mouvement tournant. C'est ainsi que dans les deux premières journées, les forts ont été pris sans coup férir, tandis que un seul attaqué par une compagnie sans le secours de l'artillerie a coûté la mort de deux officiers et la destruction des 3/4 de l'effectif. Le Chinois n'est donc pas une quantité négligeable mais un ennemi sur lequel il faut compter. Quand les nouveaux renforts arriveront nous pourrons affermir nos succès et songer au retour qui nous fera retrouver des douceurs infinies dans nos dieux Lares.

Je t'embrasse de bon cœur ainsi qu'Octavie; je joins à ma lettre une bonne poignée de main pour Alfred et Charles. Dis au premier qu'un petit séjour ici lui ferait trouver la gamelle succulente; et au second qu'il m'arrive quelquefois de penser à ses 4 repas quotidiens.

Tout à toi

Emile.

Pas de bibelots intéressants jusqu'ici ; le pays est trop pauvre et trop ravagé ; j'attends mon retour à Hanoï pour bibelotter.

Langson, le 22 Février 1885

Ma chère petite Jeannette.

Je viens de recevoir vos deux lettres du 3 Janvier et celle envoyée le 6 Décembre par voie anglaise et renfermant le 2e mandat, j'ai donc reçu l'argent que maman m'a envoyé et toutes vos lettres. J'ai écrit hier à mon oncle Barbat et à Henri, j'avais déjà écrit à Edouard, Alfred, Georges, mon Commandant, au régiment, à Bastard, de sorte que je ne vois plus que Paul Mourlan et Ernest pour compléter la série; inutile de te dire que j'y ajoute Siben.

D'ici à quelques jours j'aurai épuisé cette série et je la recommencerai dans mes nouveaux loisirs.

Après avoir cherché bien des combinaisons, j'ai écrit à Roger Fabre à Hanoï en le priant d'envoyer en mon nom une dépêche et que je lui rembourserai les 40 f. Je ne puis le faire maintenant la poste ne délivrant pas de mandats; mais je pourrai le rembourser dans peu de temps. Vous avez dû être bien inquiètes après les dernières opérations et j'aurais voulu vous prévenir immédiatement au sujet de ma santé; j'espère que malgré ces retards successifs, ma dépêche aura du moins abrégé vos appréhensions.

La Brigade du Colonel Giovaninelli est partie depuis dix jours, la mienne continue ses travaux d'installation. En charpentant, maçonnant, nous sommes arrivés à nous faire une installation à peu près convenable où le froid ne se fait pas trop sentir. Marguerite me dit qu'elle a l'onglée en écrivant il en est de même de moi, le vent du nord souffle depuis notre arrivée et en s'additionnant d'un peu de brume et de pluie nous oblige à rechercher le coin du feu. Hier toutefois le soleil s'est montré, c'était la première fois depuis notre arrivée et il a suffi pour nous réchauffer complètement en nous obligeant à reprendre le casque. Nous n'avons malheureusement pas les mêmes dédommagements du côté de la nourriture. La route que nous avons suivie est si mauvaise que bien des chevaux et des mulets roulent avec leurs provisions, que la moitié des bœufs partis arrive seulement à Langson et qu'on en est réduit à manger du biscuit et du riz et à boire de l'eau de thé. Un peu de vin ! c'est le cri général et quand en verrons-nous ? pas avant 15 jours, 1 mois peut-être; et c'est là la plus grosse privation, on fait des fours en ce moment et je pense que nous aurons du pain dans 8 jours.

Nous cherchons de tous côtés des poulets et des canards et nous sommes parvenus à nous monter une petite basse-cour ; les habitants effrayés reviennent petit à petit dans leurs villages et dans deux semaines nous aurons un marché sérieux ici pour nous ravitailler. Les prix sont assez élevés, un œuf de canard 1 sou ; un œuf de poule 2 sous ; un poulet 25 sous ; un petit porc 10^{f} ; un gros 20^{f}. De plus les habitants ravagés par les deux partis sont craintifs, et j'ai eu hier avec un Capitaine toutes les peines du monde pour leur expliquer que nous désirions 4 poulets pour 5^{f}. Ce n'est qu'au bout d'une heure que nous avons pu prendre possession de ces volatiles.

Nous n'avons vu ombre de

Chinois, ils ont dû battre en retraite assez loin et peut-être repasser la frontière; on trouve chaque jour de nouveaux approvisionnements d'armes, de munitions, de riz qui nous prouvent qu'on ne pouvait penser à prendre les Chinois par la disette et le manque d'armes. De plus, la vallée du Song-Ki-Kong qui passe ici est riche, les habitants en général rasés comme les Chinois; on y trouve même des maisons en pierres et en briques, pas plus de 4 ou 5, mais elles font une heureuse diversion à côté des canias en torchis.

Le temps s'est un peu radouci, j'en ai profité pour faire 4 croquis dans la Citadelle. Nous n'avons aucune nouvelle politique; j'ai retrouvé ici le Capitaine Gayon (possédant entre parenthèses la passion de Flament) qui m'a demandé des nouvelles d'Alfred. C'est non moins impatiemment que j'attends d'être renseigné sur le régiment où je passerai Lieutenant. On a fait, dit-on, les dernières propositions par dépêche; s'il en est ainsi, ma nomination sera bientôt faite, d'autant plus que le Colonel Giovaninelli m'a, d'après un mot de Schmitz, appuyé près du Général de Négrier.

Marguerite m'a dit que vous aviez eu de nombreuses visites au jour de l'an; je vois que nos amis sont toujours aussi dévoués pour vous trois et tu leur transmettras à tous mes amitiés et mes meilleurs souvenirs.

Embrasse bien fort pour moi notre bonne petite mère et Marguerite et prends un bon gros baiser que je t'envoie du meilleur de mon cœur.

Emile.

Langson.

Général de Négrier à Colonel Mourlan.

Hanoï.

Regrette vous annoncer Lieutenant Portier mort dans la nuit du 24.

Dong-Dang, 26 Février 85.

Mon Colonel,

J'espérais il y a quelques jours avoir des félicitations à vous adresser et aujourd'hui ce sont des regrets. La triste nouvelle vous sera depuis longtemps connue quand vous recevrez ma lettre.

Le pauvre Portier avait été magnifique au combat du 11. Je comptais pour lui au moins sur une citation bien méritée. Le 23 c'est en entraînant brillamment ses hommes qu'il a été frappé.

Il a peu souffert, m'a t-on assuré. Je n'ai pu lui parler, le convoi des blessés ayant été reporté sur Lang-Son pendant que la colonne marchait sur Cua-Bai.

C'est à Lang-Son, au pied du réduit du fort central que va reposer ce glorieux mort auprès d'autres camarades frappés comme lui.

Je n'ai rien à me reprocher, mon Colonel; car il a été atteint, non en accomplissant une mission spéciale, mais à la tête de sa troupe là où le hasard de l'engagement l'avait placé.

Permettez-moi, mon Colonel, de joindre au tribut d'éloges qui lui est dû l'expression de tous les regrets que j'éprouve et veuillez je vous prie agréer l'expression

de mes respectueuses condoléances et
et de mon entier dévouement.

Herbinger.

Lieutenant-Colonel Commandant
le 3e Régiment de marche.

Langson, le 28 Février 85.

Madame :

Les pénibles circonstances qui motivent cette lettre m'excuseront d'oser m'adresser ainsi à vous pour qui je suis encore un inconnu. J'étais le camarade et le compagnon d'armes de votre fils et c'est en cette qualité que je me permets de vous envoyer l'expression de mes regrets et de vous assurer de la part que je prends à l'irréparable malheur qui vous frappe.

C'est le 23 Février vers 3 heures de l'après-midi qu'il a été frappé mortellement ; j'ai écrit en même temps qu'à vous, Madame, à Monsieur le Colonel :

Mourlan: je lui ai donné tous les détails possibles, ainsi qu'un croquis que j'ai fait de l'endroit du combat; il vous les communiquera et vous les recevrez venant de lui, avec moins d'amertume que de ma part.

Je vous dirai seulement qu'il n'a pas beaucoup souffert; j'étais là lorsqu'on l'a pansé pour la première fois, et qu'il ne s'est pas vu mourir, ayant perdu connaissance quelque temps auparavant. Il est mort le 24 Février à 5 heures du matin. Il a été enterré le 25 à Langson au cimetière français; tous les officiers de la garnison assistaient à la cérémonie. J'ai fait placer sur sa tombe une croix avec ces mots:

« Ici repose Mr Portier S. Lieutenant au 111e de Ligne, tué glorieusement à l'ennemi le 23 Février 1885. Priez pour Lui. » J'ai placé sur la croix une couronne de feuillage et tous les officiers du bataillon nous nous sommes entendus pour lui faire élever un petit monument.

Le malheur qui vous frappe, Madame, est de ceux qui n'admettent aucune consolation. Je n'essaierai donc pas de vous en donner ; vous trouverez du moins un adoucissement à votre douleur dans la gloire qui entoure sa mort. Il est tombé bravement face à l'ennemi en faisant énergiquement son devoir à la tête de sa compagnie. Sachez aussi,

Madame, que votre douleur est partagée par tous les officiers qui l'ont connu. Il est resté bien peu de temps parmi nous et cependant nous avions déjà pu tous apprécier sa douceur, l'aménité de son caractère, toutes les qualités qui faisaient de lui un camarade précieux en même temps qu'un officier distingué; il avait été proposé pour le grade de Lieutenant au combat de Pho-Vy auquel nous assistions ensemble et où j'ai été proposé moi-même pour une citation à l'ordre de l'armée. Tout semblait nous sourire alors et nous nous félicitions de notre heureuse chance, quoiqu'il puisse arriver maintenant rien n'effacera les regrets sincères que me laisse sa perte.

Je m'occupe de réunir tous les effets qui lui appartiennent pour vous les envoyer. Je vous prie, Madame, de ne vous inquiéter de rien, je me charge de tout. Je me mets également à votre disposition pour tous les détails, toutes les choses que vous pourriez désirer savoir et vous supplie d'user de moi sans réserve. Il me semblera en vous répondant acquitter envers votre fils une dette de camaraderie.

Agréez, Madame, avec le renouvellement de tous mes regrets, l'assurance des sentiments respectueusement dévoués de celui qui conserve au fond du cœur le souvenir de l'excellent ami qu'il a perdu.

R. Normand. S. Lieutenant au 111e de ligne. Tonkin.

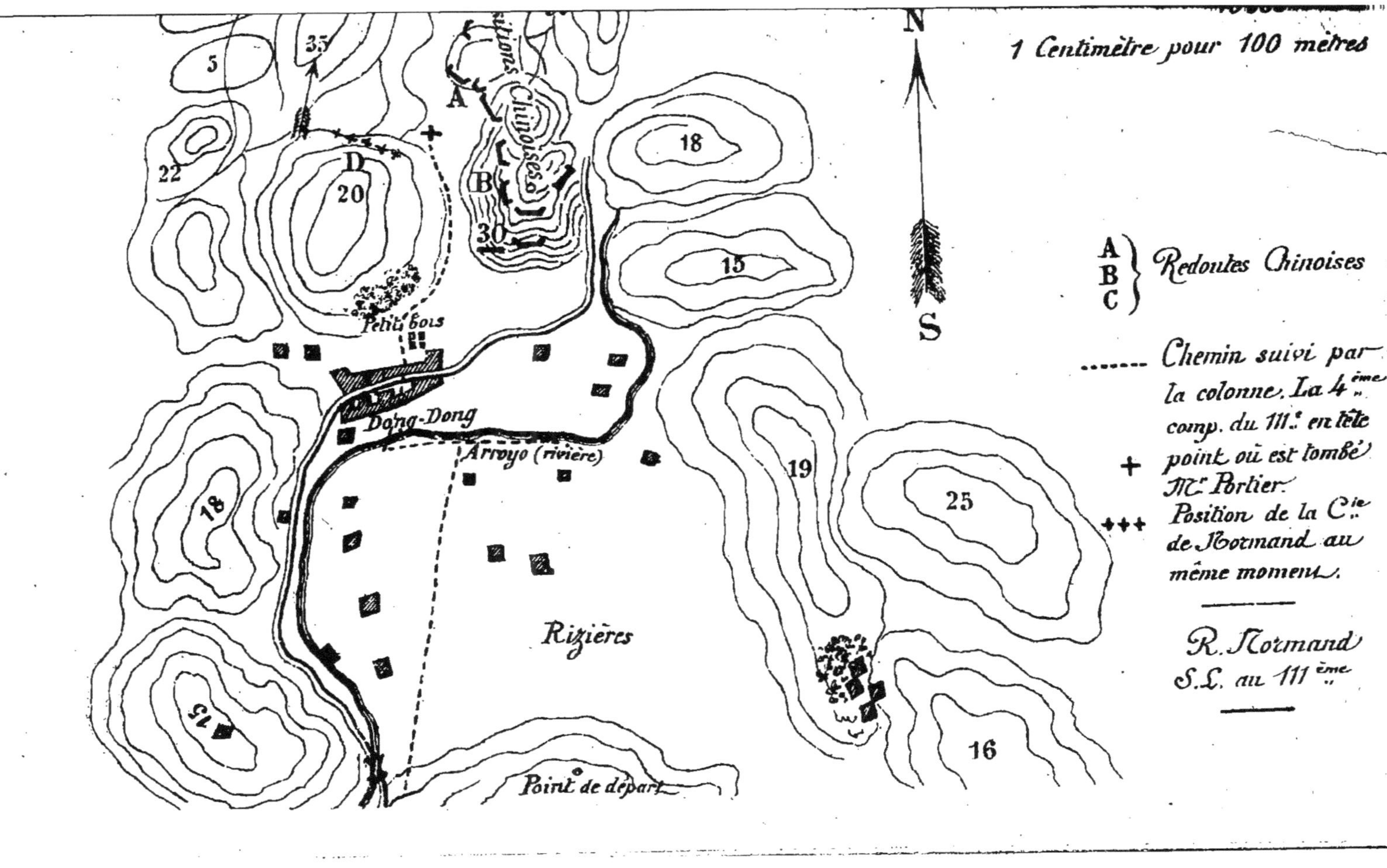
1 Centimètre pour 100 mètres
N
S
A B C Redoutes Chinoises
Chemin suivi par la colonne. La 4ème comp. du 111e en tête
+ point où est tombé Mr Portier.
+++ Position de la Cie de Normand au même moment.
R. Normand
S.L. au 111ème
sitions Chinoises
A
B
C
D
30
20
35
5
22
18
15
18
15
19
25
16
Petit bois
Dong-Dong
Arroyo (rivière)
Rizières
Point de départ

Rapport du Général de Négrier sur le combat de la Porte de Chine (Cua-Ai) 23 Février 1885.

Extrait :

.... Le Lieutenant Colonel Herbinger avec le bataillon du 111e (Commandant Faure) et une Compagnie du 3e bataillon de la Légion (Capitaine Brunot) qui était restée à la tête du gros, traverse le village en flammes et monte à l'assaut du massif calcaire qu'il aborde au nord de Dong-Dang par la brèche de l'Ouest. Il enlève les ouvrages et tandis qu'il couvre sa gauche vers That-Ké par une compagnie il poursuit son mouvement. Mr le Sous-Lieutenant Portier du 111e est mortellement blessé dans cette attaque.

Nice, le 22 Mars 1885.

Madame,

Je ne connaissais encore que par les journaux la douloureuse nouvelle que votre lettre de part vient confirmer.

J'ai l'honneur de vous exprimer au nom de tout mon corps d'officiers la part que le 111e prend à vos regrets.

Bien que votre fils n'appartint pas au régiment il a combattu dans ses rangs, il a payé de sa vie un de ses triomphes ; sa mort glorieuse l'a fait nôtre. Son nom figurera avec honneur sur une des plus nobles pages de son histoire. Croyez, Madame, que nous garderons fidèlement sa mémoire et que je me ferai un devoir de recueillir et aussi de vous transmettre tous les détails de nature à lui donner plus d'éclat et de durée.

Veuillez agréer, Madame, l'assurance de ma bien profonde et respectueuse sympathie.

Colonel Bourdiu.

www.ingramcontent.com/pod-product-compliance
Ingram Content Group UK Ltd.
Pitfield, Milton Keynes, MK11 3LW, UK
UKHW020115200726
13856UKWH00002B/564